Sobre a democracia

Universidade de Brasília

Reitor Ivan Marques de Toledo Camargo
Vice-Reitora Sônia Nair Báo

EDITORA
UnB

Diretora Ana Maria Fernandes

Conselho editorial Ana Maria Fernandes – *Pres.*
Ana Valéria Machado Mendonça
Eduardo Tadeu Vieira
Emir José Suaiden
Fernando Jorge Rodrigues Neves
Francisco Claudio Sampaio de Menezes
Marcus Mota
Peter Bakuzis
Sylvia Ficher
Wilson Trajano Filho
Wivian Weller

Robert A. Dahl

Sobre a democracia

Tradução
Beatriz Sidou

EDITORA
UnB

Equipe editorial

Gerente de produção editorial	Percio Sávio Romualdo da Silva
Preparação de originais	Wilma G. Rosas Saltarelli
Revisão	Gilvam Joaquim Cosmo e Wilma G. Rosas Saltarelli
Índice	Cleide Passos, Rejane de Meneses e Rúbia Pereira
Atualização ortográfica	Denise P. de Oliveira e Talita G. Sales Ribeiro
Diagramação	Eugênio Felix Braga e Marina Dourado L. Cunha
Capa	Marcus Polo Rocha Duarte

Título original: *On democracy*

Copyright © 1998 by Yale University
Copyright © 2016 by Editora Universidade de Brasília

Direitos exclusivos para esta edição:
Editora Universidade de Brasília
SCS, quadra 2, bloco C, nº 78, edifício OK,
2º andar, CEP 70302-907, Brasília, DF
Telefone: (61) 3035-4200
Fax: (61) 3035-4230
Site: www.editora.unb.br
E mail: contatoeditora@unb.br

Todos os direitos reservados. Nenhuma parte desta publicação poderá ser armazenada ou reproduzida por qualquer meio sem a autorização por escrito da Editora.

Ficha catalográfica elaborada pela Biblioteca Central da Universidade de Brasília

---

D131　　Dahl, Robert A.
　　　　　Sobre a democracia / Robert A. Dahl; tradução de Beatriz Sidou. – Brasília : Editora Universidade de Brasília, 2001, 2016 (2ª reimpressão)
　　　　　230 p. ; 21 cm.
　　　　　Tradução de : On democracy
　　　　　ISBN 978-85-230-0621-4

　　　　　1. Democracia. I. Sidou, Beatriz. II. Título.

　　　　　　　　　　　　　　　　　　　　　　　　CDU 321.7

Sumário

AGRADECIMENTOS, 9

CAPÍTULO 1
PRECISAMOS REALMENTE DE UM GUIA?, 11

PARTE I
O COMEÇO

CAPÍTULO 2
ONDE SURGIU E COMO SE DESENVOLVEU A DEMOCRACIA? UMA BREVE HISTÓRIA, 17
    O Mediterrâneo, 21
    A Europa do Norte, 27
    Democratização: a caminho, apenas a caminho..., 31

CAPÍTULO 3
O QUE HÁ PELA FRENTE?, 37
    Objetivos democráticos e realidades, 39
    Dos julgamentos de valor aos julgamentos empíricos, 42

PARTE II
A DEMOCRACIA IDEAL

CAPÍTULO 4
O QUE É DEMOCRACIA?, 47
    Os critérios de um processo democrático, 49
    Por que esses critérios?, 50
    Algumas questões decisivas, 52

CAPÍTULO 5
POR QUE A DEMOCRACIA?, 57
    As vantagens da democracia: resumo, 73

CAPÍTULO 6
POR QUE A IGUALDADE POLÍTICA I? IGUALDADE INTRÍNSECA, 75
   A igualdade é óbvia?, **75**
   Igualdade intrínseca: um julgamento moral, **77**
   Por que devemos adotar esse princípio, **79**

CAPÍTULO 7
POR QUE IGUALDADE POLÍTICA II? COMPETÊNCIA CÍVICA, 83
   A tutela: uma alegação em contrário, **83**
   A competência dos cidadãos para governar, **89**
   Uma quinta norma democrática: a inclusão, **91**
   Problemas não resolvidos, **92**
   Comentários conclusivos e apresentação, **94**

PARTE III
A VERDADEIRA DEMOCRACIA

CAPÍTULO 8
QUE INSTITUIÇÕES POLÍTICAS REQUER A DEMOCRACIA EM GRANDE ESCALA?, 97
   Como podemos saber?, **98**
   As instituições políticas da moderna democracia representativa, **99**
   As instituições políticas em perspectiva, **100**
   O fator *tamanho*, **105**
   Por que (e quando) a democracia exige representantes eleitos?, **106**
   Por que a democracia exige eleições livres, justas e frequentes?, **109**
   Por que a democracia exige a livre expressão?, **110**
   Por que a democracia exige a existência de fontes alternativas e independentes de informação?, **111**
   Por que a democracia exige associações independentes?, **111**
   Por que a democracia exige uma cidadania inclusiva?, **112**

CAPÍTULO 9
VARIEDADES I: DEMOCRACIA EM ESCALAS DIFERENTES, 115
   Em todo caso, as palavras importam, sim..., **115**
   Democracia: grega x moderna, **117**
   Democracia de assembleia x democracia representativa, **118**

A representação já existia, **119**
Mais uma vez: tamanho e democracia, **120**
Os limites democráticos do governo representativo, **124**
Um dilema básico da democracia, **125**
O negócio *às vezes* é ser pequeno, **126**
Às vezes o negócio é ser grande, **127**
O lado sombrio: a negociação entre as elites, **128**
Organizações internacionais podem ser democráticas?, **129**
Uma sociedade pluralista vigorosa nos países democráticos, **132**

CAPÍTULO 10
VARIEDADES II: CONSTITUIÇÕES, 135
Variações constitucionais, **136**
Quanta diferença fazem as diferenças?, **145**

CAPÍTULO 11
VARIEDADES III: PARTIDOS E SISTEMAS ELEITORAIS, 147
Os sistemas eleitorais, **147**
Algumas opções básicas para as constituições democráticas, **154**
Algumas orientações sobre as constituições democráticas, **156**

PARTE IV
AS CONDIÇÕES FAVORÁVEIS E AS DESFAVORÁVEIS

CAPÍTULO 12
QUE CONDIÇÕES SUBJACENTES FAVORECEM A DEMOCRACIA?, 161
A falha das alternativas, **162**
Intervenção estrangeira, **163**
Controle dos militares e da polícia, **165**
Conflitos culturais fracos ou ausentes, **166**
Cultura e convicções democráticas, **173**
Desenvolvimento econômico e economia de mercado, **175**
Um resumo, **175**
Índia: uma democracia improvável, **176**
Por que a democracia se espalhou pelo mundo inteiro, **180**

CAPÍTULO 13
POR QUE O CAPITALISMO DE MERCADO FAVORECE A
DEMOCRACIA, **183**
    Algumas ressalvas, **186**

CAPÍTULO 14
POR QUE O CAPITALISMO DE MERCADO PREJUDICA A
DEMOCRACIA, **191**

CAPÍTULO 15
A VIAGEM INACABADA, **199**
    Dificuldade 1: a ordem econômica, **200**
    Dificuldade 2: a internacionalização, **202**
    Dificuldade 3: a diversidade cultural, **202**
    Dificuldade 4: a educação cívica, **204**

APÊNDICE A
OS SISTEMAS ELEITORAIS, **209**

APÊNDICE B
A ACOMODAÇÃO POLÍTICA NOS PAÍSES ÉTNICA OU
CULTURALMENTE DIVIDIDOS, **213**

APÊNDICE C
A CONTAGEM DOS PAÍSES DEMOCRÁTICOS, **217**

REFERÊNCIAS BIBLIOGRÁFICAS, **221**

ÍNDICE, **227**

Agradecimentos

Pelo que me lembro, foi para minha mulher, Ann Sale Dahl, que mencionei que talvez estivesse interessado em escrever mais um livro sobre a teoria e a prática da democracia. Dessa vez, o livro que eu tinha em mente seria menos acadêmico do que a maioria dos outros já publicados. Eu não escreveria o livro para outros acadêmicos nem especialmente para os norte-americanos. Eu gostaria de ser útil para qualquer pessoa, em qualquer lugar, seriamente interessada em aprender mais sobre um assunto vasto, que pode facilmente tornar-se tão complicado que as únicas pessoas desejando investigá-lo em profundidade sejam os teóricos políticos, filósofos e outros estudiosos. Confesso que encontrar o estilo exato seria dificílimo. A entusiástica reação de Ann me incentivou a seguir em frente. Ela também foi a primeira leitora de um esboço quase completo; suas atiladas sugestões editoriais melhoraram bastante a minha exposição do assunto.

Dois ocupadíssimos colegas da universidade, James Fishkin e Michael Walzer, generosamente fizeram comentários detalhados a meu rascunho terminado – bom, não exatamente terminado, no final das contas. Suas críticas e sugestões foram tão importantes e tão úteis que adotei quase todas; tive de deixar algumas de lado, pois me pareciam exigir um livro bem mais comprido do que o que eu tinha em mente. Também devo a Hans Daalder, Arend Lipjhart e Hans Blockland por seus importantes comentários sobre a Holanda.

Sou grato a Charles Hill, David Mayhew, Ian Shapiro e Norma Thompson por responderem a meu pedido de nomes de obras que servissem aos leitores desejosos de prosseguir estudando o tema. Suas sugestões enriqueceram a lista intitulada "Mais leituras".

Bem antes de completar o original, mencionei-o a John Covell, editor sênior na Yale University Press, que imediatamente expressou grande interesse nele. Depois de lhe entregar uma cópia do manuscrito, as perguntas e sugestões que ele ofereceu me ajudaram a aperfeiçoá-lo em muitos pontos.

Sinto-me feliz porque este livro é a continuação de um longo relacionamento com a Yale University Press. Para mim, é especialmente prazeroso que a Yale University Press o esteja publicando, porque ao escrevê-lo não hesitei em consultar trabalhos antigos meus que a Yale publicou no correr de muitos anos. Também me senti encantado com o diretor John Ryden, a diretora associada Tina Weiner e a diretora administrativa Meryl Lanning, que não apenas expressaram seu entusiasmo pela publicação do livro, mas avalizaram energicamente minha proposta de que ele fosse rapidamente traduzido e publicado em outros países, de modo a torná-lo disponível a leitores em outros cantos do mundo.

Por fim, o trabalho de editoração de Laura Jones Dooley, editora assistente, foi rápido e maravilhoso. Sua contribuição é invisível para o leitor, mas o autor sabe muito bem que o livro está melhor por causa desse trabalho – e espera que ela também saiba...

Capítulo 1

Precisamos realmente de um guia?

Durante esta última metade do século XX, o mundo testemunhou uma extraordinária alteração política, sem precedentes. Todas as principais alternativas para a democracia desapareceram, transformaram-se em sobreviventes excêntricos ou recuaram, para se abrigarem em seus últimos bastiões. No início do século, os inimigos pré-modernos da democracia – a monarquia centralizada, a aristocracia hereditária, a oligarquia baseada no sufrágio limitado e exclusivo – haviam perdido sua legitimidade aos olhos de boa parte da humanidade. Os mais importantes regimes antidemocráticos do século XX – o comunista, o fascista, o nazista – desapareceram nas ruínas de uma guerra calamitosa ou, como aconteceu na União Soviética, desmoronaram internamente. As ditaduras militares foram totalmente desacreditadas por suas falhas, especialmente na América Latina; onde conseguiram sobreviver, em geral adotaram uma fachada pseudodemocrática.

Assim, teria a democracia pelo menos conquistado o apoio dos povos e das pessoas pelo mundo afora? Não. Continuaram a existir convicções e movimentos antidemocráticos, muitas vezes associados ao nacionalismo fanático ou ao fundamentalismo religioso. Existiam governos democráticos (em variados graus de "democracia") para menos da metade da população do mundo. Um quinto dos habitantes do mundo vivia na China – que, em seus ilustres 4 mil anos de história, jamais experimentou um governo democrático. Na Rússia, que só fez a transição para o governo democrático na última década do século, a democracia era frágil e tinha fraco apoio. Mesmo nos países em que há muito a democracia fora estabelecida e parecia segura, alguns observadores sustentavam que a democracia estava em crise ou, no mínimo, gravemente distorcida pela redução na confiança dos cidadãos de que os líderes eleitos, os partidos políticos e os funcionários do governo conseguiriam ou realmente tratariam corretamente ou pelo menos teriam algum sucesso em questões como o persistente desemprego, os programas de bem-estar, a imigração, os impostos e a corrupção.

Suponha que dividamos os cerca de 200 países do mundo entre os que têm governos não democráticos, os que têm novos governos democráticos e os que têm governos democráticos longos e relativamente bem estabelecidos. Deve-se reconhecer que cada um desses grupos abrange um conjunto imensamente diversificado de países. Não obstante, essa tríplice simplificação nos ajuda a perceber que, de uma perspectiva democrática, cada grupo enfrenta uma dificuldade diferente. Para os países recentemente democratizados, a dificuldade é saber se e como as novas instituições e as práticas democráticas podem ser reforçadas ou, como diriam alguns cientistas políticos, *consolidadas*, para que venham a suportar o teste do tempo, o conflito político e a crise. Para as democracias mais antigas, o problema é aperfeiçoar e *aprofundar* a sua democracia.

A esta altura, pode-se muito bem perguntar: o que *realmente* entendemos por democracia? O que distingue um governo democrático de um governo não democrático? Se um país não democrático faz a transição para a democracia, é transição para o *quê*? Com referência à consolidação da democracia, o que exatamente é consolidado? E o que significa falar de *aprofundar a democracia* num país democrático? Se um país já é uma democracia, como ele poderá se tornar *mais democrático*? E assim por diante...

A democracia, de vez em quando, é discutida há cerca de 2.500 anos – tempo mais do que suficiente para reunir um bom conjunto de ideias sobre o qual todos ou quase todos possam concordar. Aqui não tratamos de saber se para o bem ou para o mal.

Os 25 séculos em que tem sido discutida, debatida, apoiada, atacada, ignorada, estabelecida, praticada, destruída e depois às vezes restabelecida aparentemente não resultaram em concordância sobre algumas das questões fundamentais acerca da democracia.

O próprio fato de ter uma história tão comprida ironicamente contribuiu para a confusão e a discordância, pois "democracia" tem significados diferentes para povos diferentes em diferentes tempos e diferentes lugares. Por longos períodos na história humana, na prática, a democracia realmente desapareceu, mal sobrevivendo como valiosa ideia ou memória entre poucos. Até dois séculos atrás apenas (digamos, há dez gerações), a história tinha pouquíssimos exemplos de verdadeiras democracias. A democracia era mais assunto para teorização de filósofos do que um verdadeiro sistema a ser adotado e praticado pelos povos. Mesmo nos raros casos em que realmente existia uma "democracia" ou uma "república", a maioria dos adultos não estava autorizada a participar da vida política.

Embora em seu sentido mais geral seja antiga, a forma da democracia que discutirei neste livro é um produto do século XX. Hoje, pressupõe-se que a democracia assegure virtualmente a todo cidadão adulto o direito de voto. No entanto, há cerca de quatro gerações – por volta de 1918, mais ou menos ao final da Primeira Guerra Mundial –, em todas as democracias ou repúblicas independentes que até então existiam, uma boa metade de toda a população adulta sempre estivera excluída do pleno direito de cidadania: a metade das mulheres.

Temos então algo impressionante a pensar: se aceitássemos o sufrágio universal como exigência da democracia, haveria algumas pessoas, em praticamente todos os países democráticos, que seriam mais velhas do que seu sistema democrático de governo. A democracia no sentido moderno talvez não seja lá muito jovem, mas também não é tão antiga...

Pode-se fazer uma objeção: os Estados Unidos não se tornaram uma democracia da Revolução norte-americana em diante – "uma democracia numa república", como a chamou Abraham Lincoln? O ilustre francês Alexis de Tocqueville, depois de visitar os Estados Unidos nos anos 1830, não chamou seu famoso livro de *A democracia na América*? Os atenienses não chamavam de democracia seu sistema no século V a.C.? E o que era a república romana, se não uma espécie de democracia? Se "democracia" significou diferentes coisas em épocas diferentes, como poderemos nós concordar sobre o que significa hoje?

Uma vez iniciada essa discussão, pode-se insistir: por que, afinal, a democracia é desejável? E quão democrática é a "democracia" nos países hoje chamados democráticos – Estados Unidos, Inglaterra, França, Noruega, Austrália e muitos outros? Além do mais, será possível explicar por que esses países são "democráticos" e tantos outros não? Poderíamos fazer muitas perguntas mais.

Assim, a resposta à pergunta no título deste capítulo está razoavelmente clara. Quando se está interessado em procurar respostas para as perguntas essenciais sobre *democracia*, um guia pode ajudar.

Nesta pequena excursão, você não encontrará respostas para todas as perguntas que gostaria de fazer. Para manter a nossa viagem relativamente curta e acessível, teremos de passar por cima de incontáveis trilhas que você talvez preferisse explorar. Elas realmente deveriam ser exploradas... Espero que depois desta nossa excursão você comece a explorá-las por sua conta. Para ajudá-lo nesse empreendimento, no final deste livro darei uma rápida lista de obras pertinentes.

Nossa viagem começa pelo começo: as origens da democracia.

Parte I

O começo

Capítulo 2

Onde surgiu e como se desenvolveu a democracia? Uma breve história

Você deve lembrar que iniciei dizendo que a democracia, de vez em quando, é discutida há 2.500 anos. Será realmente tão velha a democracia? Muitos norte-americanos e outros acreditam que a democracia começou há 200 anos, nos Estados Unidos. Outros, cientes de suas raízes clássicas, afirmariam que ela teria começado na Grécia ou na Roma antiga. Onde começou e como teria evoluído a democracia?

Talvez fosse agradável vermos a democracia progredindo mais ou menos continuamente desde sua invenção, por assim dizer, na Grécia antiga há 2.500 anos e aos poucos se expandindo a partir daquele ínfimo começo até os dias de hoje, quando chegou a todos os continentes e a uma boa parte da humanidade.

Belo quadro – mas falso, no mínimo por duas razões.

Em primeiro lugar, como sabe qualquer conhecedor da história europeia, depois de seus primeiros séculos na Grécia ou em Roma, a ascensão do governo popular transformou-se em declínio e queda. Ainda que nos permitíssemos uma razoável liberdade para decidir quais governos contaríamos como "populares", "democráticos" ou "republicanos", sua ascensão e sua queda não poderiam ser descritas como ascensão firme até um pico distante, pontilhada aqui e ali por breves descidas. Em vez disso, o rumo da história democrática mais parece a trilha de um viajante atravessando um deserto plano e quase interminável, quebrada por apenas alguns morrinhos, até finalmente iniciar a longa subida até sua altura no presente (Figura 1).

Figura 1: Países democráticos (com sufrágio masculino ou pleno sufrágio, 1850-1995)

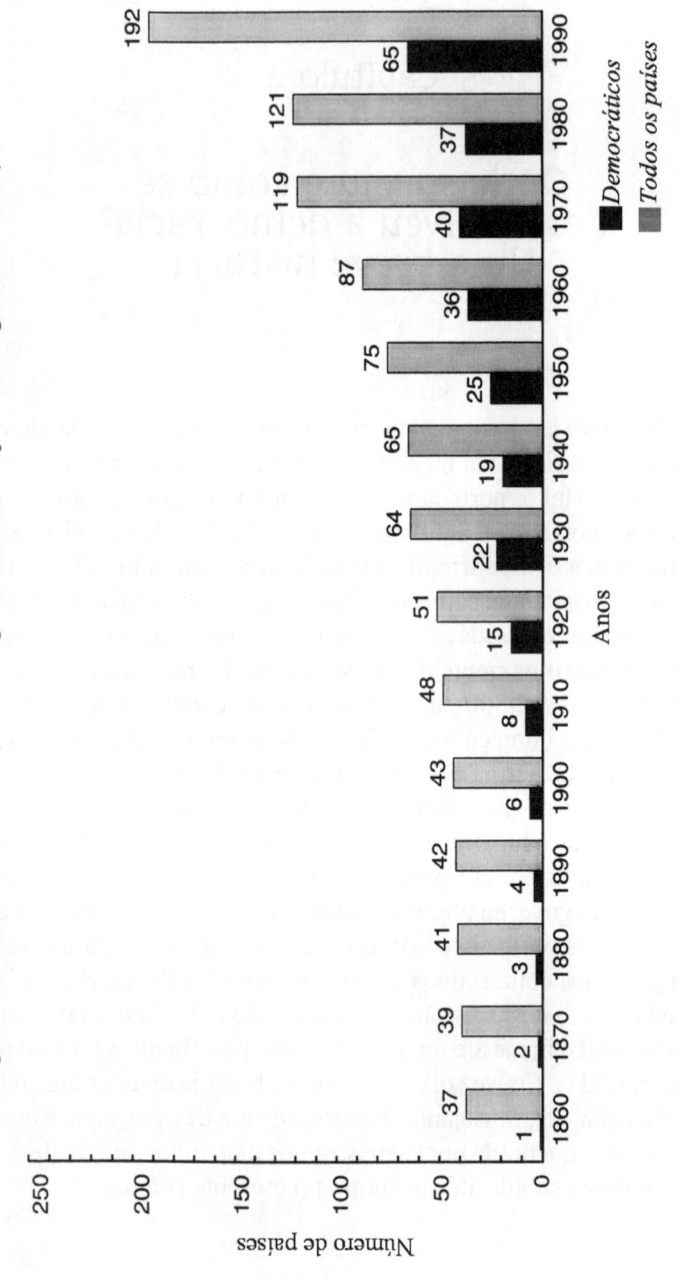

■ *Democráticos*
■ *Todos os países*

Anos	Democráticos	Todos os países
1860	1	37
1870	2	39
1880	3	41
1890	4	42
1900	6	43
1910	8	48
1920	15	51
1930	22	64
1940	19	65
1950	25	75
1960	36	87
1970	40	119
1980	37	121
1990	65	192

Número de países

Em segundo lugar, seria um equívoco pressupor que a democracia houvesse sido inventada de uma vez por todas como, por exemplo, foi inventada a máquina a vapor. Quando descobrem que práticas ou ferramentas surgiram em momentos diferentes e em diferentes lugares, antropólogos e historiadores em geral desejam saber como esses aparecimentos isolados foram produzidos. Será que as ferramentas ou as práticas se espalharam por divulgação a partir de seus inventores para outros grupos – ou teriam sido inventadas de maneira independente por grupos diferentes? Muitas vezes é difícil ou até impossível encontrar uma resposta. O mesmo acontece com o desenvolvimento da democracia no mundo. Quanto de sua disseminação pode ser explicado simplesmente por sua difusão a partir das origens e quanto (se é que isto aconteceu) por ter sido criado de modo independente em diferentes épocas e diferentes lugares?

Embora no caso da democracia a resposta esteja sempre rodeada por muita incerteza, minha leitura do registro da história é essencialmente esta: parte da expansão da democracia (talvez boa parte) pode ser atribuída à difusão de ideias e práticas democráticas, mas só a difusão não explica tudo. Como o fogo, a pintura ou a escrita, a democracia parece ter sido inventada mais de uma vez, em mais de um local. Afinal de contas, se houvesse condições favoráveis para a invenção da democracia em um momento, num só lugar (por exemplo, em Atenas, mais ou menos 500 anos a.C.), não poderiam ocorrer semelhantes condições favoráveis em qualquer outro lugar?

Pressuponho que a democracia possa ser inventada e reinventada de maneira autônoma sempre que existirem as condições adequadas. Acredito que essas condições adequadas existiram em diferentes épocas e em lugares diferentes. Assim como uma terra que pode ser cultivada e a devida quantidade de chuva estimularam o desenvolvimento da agricultura, determinadas condições favoráveis sempre apoiaram uma tendência para o desenvolvimento de um governo democrático. Por exemplo, devido a condições favoráveis, é bem provável que tenha existido alguma forma de democracia em governos tribais muito antes da história registrada.

Imagine esta possibilidade: pressuponhamos que certos povos constituam um grupo bastante unido: "nós" e "eles", nós e outros, a minha gente e o povo deles, a minha tribo e as outras tribos.

Além do mais, pressuponhamos que o grupo (a *tribo*, digamos) é bastante independente de controle exterior; os membros da tribo mais ou menos conseguem dirigir o seu próprio espetáculo, por assim dizer, sem a interferência de gente de fora. Por fim, suponhamos que um bom número de membros do grupo, talvez os mais idosos da tribo, vejam-se como bastante iguais, estando bem qualificados para dar uma palavra em seu governo. Em tais circunstâncias, acredito que seja provável emergirem tendências democráticas. Um impulso para a participação democrática desenvolve-se a partir do que poderíamos chamar de *lógica da igualdade*.

Durante todo o longo período em que os seres humanos viveram juntos em pequenos grupos e sobreviveram da caça e da coleta de raízes, frutos e outras dádivas da natureza, sem a menor dúvida, às vezes – talvez habitualmente –, teriam criado um sistema em que boa parte dos membros, animados por essa lógica da igualdade (certamente os mais velhos ou os mais experientes), participaria de quaisquer decisões que tivessem de tomar como grupo. Isso realmente aconteceu, conforme está bastante comprovado pelos estudos de sociedades tribais ágrafas. Portanto, durante muitos milhares de anos, alguma forma primitiva da democracia pode muito bem ter sido o sistema político mais "natural".

Entretanto, sabemos que esse longo período teve um fim. Quando os seres humanos começaram a se estabelecer por demorados períodos em comunidades fixas para tratar da agricultura e do comércio, os tipos de circunstâncias favoráveis à participação popular no governo que acabo de mencionar – a identidade do grupo, a pouca interferência exterior, um pressuposto de igualdade – parecem ter rareado. As formas de hierarquia e dominação tornaram-se mais "naturais". Em consequência, os governos populares desapareceram entre os povos estabelecidos por milhares de anos. No entanto, eles foram substituídos por monarquias, despotismos, aristocracias ou oligarquias, todos com base em alguma forma de categorização ou hierarquia.

Então, por volta de 500 a.C., parece terem ressurgido condições favoráveis em diversos lugares, e alguns pequenos grupos de pessoas começaram a desenvolver sistemas de governo que proporcionavam oportunidades bastante amplas para participar em decisões de grupo. Pode-se dizer que a democracia primitiva foi reinventada em uma forma mais avançada. Os avanços mais decisivos ocorreram na Europa – três na costa do Mediterrâneo, outros na Europa do Norte.

O Mediterrâneo

Os sistemas de governo que permitiam a participação popular de um significativo número de cidadãos foram estabelecidos pela primeira vez na Grécia clássica e em Roma, por volta do ano 500 a.c., em bases tão sólidas que resistiram por séculos, com algumas mudanças ocasionais.

Grécia

A Grécia clássica não era um país no sentido moderno, um lugar em que todos os gregos vivessem num único Estado, com um governo único. Ao contrário, a Grécia era composta por centenas de cidades independentes, rodeadas de áreas rurais. Diferente dos Estados Unidos, da França, do Japão e de outros países modernos, os estados soberanos da Grécia eram cidades-estado. A mais famosa desde o período clássico foi Atenas. Em 507 a.C., os atenienses adotaram um sistema de governo popular que durou aproximadamente dois séculos, até a cidade ser subjugada por sua vizinha mais poderosa ao norte, a Macedônia. (Depois de 321 a.C., o governo ateniense tropeçou sob o domínio macedônio por gerações; mais tarde, a cidade foi novamente subjugada, desta vez por Roma.)

Foram os gregos – provavelmente os atenienses – que cunharam o termo *demokratia*: *demos*, o povo, e *kratos*, governar. Por falar nisso, é interessante saber que, em Atenas, embora a palavra *demos* em geral se referisse a todo o povo ateniense, às vezes, significava apenas a gente comum ou apenas o pobre. Às vezes, *demokratia* era utilizada por seus críticos aristocráticos como uma espécie de epíteto, para mostrar seu desprezo pelas pessoas comuns que haviam usurpado o controle que os aristocratas tinham sobre o governo. Em quaisquer dos casos, *demokratia* era aplicada pelos atenienses e por outros gregos ao governo de Atenas e ao de muitas outras cidades gregas.[1]

Entre as democracias gregas, a de Atenas era de longe a mais importante, a mais conhecida na época e, ainda hoje, de incomparável influência na filosofia política, muitas vezes considerada um exemplo primordial de participação dos cidadãos ou, como diriam alguns, era uma *democracia participante*.

O governo de Atenas era complexo – por demais complexo para ser devidamente descrito aqui. Em seu âmago havia uma *assembleia* a que todos os cidadãos estavam autorizados a participar. A assembleia elegia alguns funcionários essenciais – generais, por exemplo, por mais estranho que pareça. O principal método para selecionar os cidadãos para os outros deveres públicos era uma espécie de loteria em que os cidadãos que poderiam ser eleitos detinham a mesma chance de ser escolhidos. Segundo algumas estimativas, um cidadão comum tinha uma boa chance de ser escolhido por essa loteria pelo menos uma vez na vida para servir como o funcionário mais importante a presidir o governo.

Embora algumas cidades gregas se reunissem, formando rudimentares governos representativos por suas alianças, ligas e confederações (essencialmente para defesa comum), pouco se sabe sobre esses sistemas representativos. Praticamente não deixaram nenhuma impressão sobre ideias e práticas democráticas e, com certeza, nenhuma sobre a forma tardia da democracia representativa. O sistema ateniense de seleção dos cidadãos para os deveres públicos por sorteio também jamais se tornou uma alternativa aceitável para as eleições como maneira de escolher os representantes.

Assim, as *instituições políticas* da Grécia, por mais inovadoras que tenham sido em sua época, foram ignoradas ou mesmo claramente rejeitadas durante o desenvolvimento da moderna democracia representativa.

---

[1] Para uma descrição minuciosa da democracia em Atenas, veja Mogens Herman Hansen, *The Athenian Democracy in the Age of Demosthenes: Structure, Principles and Ideology*, traduzida para o inglês por J. A. Crook, Oxford, Blackwell, 1991.

Roma

Mais ou menos na época em que foi introduzido na Grécia, o governo popular apareceu na península italiana na cidade de Roma. Os romanos preferiram chamar seu sistema de república: *res*, que em latim significa coisa ou negócios, e *publicus* – ou seja, a república poderia ser interpretada como "a coisa pública" ou "os negócios do povo". (Voltarei a essas duas palavras, *democracia* e *república*.)

O direito de participar no governo da república inicialmente estava restrito aos patrícios, os aristocratas. Numa etapa da evolução da democracia que encontraremos mais adiante, depois de muita luta, o povo (a *plebe*) também adquiriu esse direito. Como em Atenas, o direito a participar restringia-se aos homens, o que também aconteceu em todas as democracias que apareceram depois, até o século XX.

Desde seu início como *urbe* de tamanho bastante modesto, a república romana expandiu-se por meio da anexação ou da conquista muito além dos limites da velha cidade, chegando a dominar toda a Itália e regiões bem mais distantes. A república, muitas vezes, conferia a valorizadíssima cidadania romana aos povos conquistados, que assim se tornavam cidadãos romanos no pleno gozo dos direitos e dos privilégios de um cidadão, e não simples súditos.

Ainda que esse dom parecesse generoso e sábio, se a julgarmos da perspectiva atual, descobriremos um enorme defeito: Roma jamais adaptou adequadamente suas instituições de governo popular ao descomunal aumento no número de seus cidadãos e seu enorme distanciamento geográfico da cidade. Por estranho que pareça de nosso ponto de vista, as assembleias a que os cidadãos romanos estavam autorizados a participar continuavam se reunindo, como antes, na cidade de Roma – exatamente nesse mesmo Fórum, hoje em ruínas, visitado pelos turistas. No entanto, para a maioria dos cidadãos romanos que viviam no vastíssimo território da república, a cidade era muito distante para que pudessem assistir às assembleias, pelo menos sem esforço extraordinário e altíssimos custos. Consequentemente, era negada a um número cada vez maior (e mais tarde esmagador) de cidadãos a oportunidade de participar das assembleias que se realizavam no centro do sistema de governo romano. Era como se a cidadania norte-americana fosse conferida a pessoas em diversos estados, conforme o país se expandia, embora a população desses novos estados só pudesse exercer seu direito de voto nas eleições nacionais se comparecesse a assembleias realizadas em Washington, D. C.

Em muitos aspectos, os romanos eram um povo criativo e pragmático, mas não inventaram ou adotaram uma solução que hoje nos parece óbvia: um sistema viável de governo *representativo*, fundamentado em representantes *eleitos democraticamente*.

Antes que saltemos para a conclusão de que os romanos eram menos criativos ou menos capazes do que nós, devemos nos lembrar de que as inovações e as invenções a que nos habituamos em geral nos parecem tão óbvias que começamos a nos perguntar por que nossos predecessores não as introduziram antes. Em geral, aceitamos prontamente, sem discutir coisas que algum tempo antes estavam por ser descobertas. Da mesma forma, gerações que vierem mais tarde poderão também se perguntar *como* não enxergamos determinadas inovações que virão a considerar óbvias... Devido ao que nós, *hoje*, aceitamos sem discutir, será que, assim como os romanos, seremos insuficientemente criativos na reformulação de nossas instituições políticas?

Embora a república romana tenha durado consideravelmente mais tempo do que a democracia ateniense e mais tempo do que qualquer democracia moderna durou até hoje, por volta do ano 130 a.C., ela começou a enfraquecer pela inquietude civil, pela militarização, pela guerra, pela corrupção e por um decréscimo no espírito cívico que existira entre os cidadãos. O que restava das práticas republicanas autênticas terminou perecendo com a ditadura de Júlio César. Depois de seu assassinato em 44 a.C., uma república outrora governada por seus cidadãos tornou-se um império, comandado por imperadores.

Com a queda da república, o governo popular desapareceu inteiramente no sul da Europa. Excetuando-se os sistemas políticos de pequenas tribos esparsas, ele desapareceu da face da terra por cerca de mil anos.

Itália

Como uma espécie extinta ressurgindo depois de uma grande mudança climática, o governo popular começou a reaparecer em muitas cidades do norte da Itália por volta do ano 1100 d.C. Mais uma vez, foi em cidades-estado relativamente pequenas que se desenvolveram os governos populares, não em grandes regiões ou em grandes países. Num padrão conhecido em Roma e mais tarde repetido durante o surgimento dos modernos governos representativos, a participação nos corpos governantes das cidades-estado foi inicialmente restrita aos membros das famílias da classe superior: nobres, grandes proprietários e afins. Com o tempo, os residentes nas cidades, que estavam abaixo na escala socioeconômica, começaram a exigir o direito de participar. Membros do que hoje chamamos *classes médias* – novos ricos, pequenos mercadores, banqueiros, pequenos artesãos organizados em guildas, soldados das infantarias comandadas por cavaleiros – não apenas eram mais numerosos do que as classes superiores dominantes, mas também capazes de se organizar. Eles ainda podiam ameaçar violentas rebeliões e, se necessário, levá-las adiante. Consequentemente, em muitas cidades, essas pessoas – o *popolo*, como eram chamadas – ganharam o direito de participar do governo local.

Durante mais de dois séculos, essas repúblicas floresceram em uma série de cidades italianas. Uma boa parte dessas repúblicas, como Florença e Veneza, eram centros de extraordinária prosperidade, refinado artesanato, arte e arquitetura soberbas, desenho urbano incomparável, música e poesia magníficas, e a entusiástica redescoberta do mundo antigo da Grécia e de Roma. Encerrava-se o que as gerações posteriores vieram a chamar Idade Média e chegou aquela inacreditável explosão de brilhante criatividade, o Renascimento.

Infelizmente, para o desenvolvimento da democracia, entretanto, depois de meados do século XIV, os governos republicanos de algumas das maiores cidades cada vez mais deram lugar aos eternos inimigos do governo popular: o declínio econômico, a corrupção, a oligarquia, a guerra, a conquista e a tomada de poder por governantes autoritários, fossem príncipes, monarcas ou soldados. Isso não foi tudo. Vista no vasto panorama das tendências históricas, a cidade-estado foi condenada como base para o governo popular pelo surgimento de um rival com forças esmagadoramente superiores: o Estado nacional, ou *país*. Vilas e cidades estavam destinadas a ser incorporadas a essa entidade maior e mais poderosa, tornando-se, na melhor das hipóteses, unidades subordinadas do governo.

Por gloriosa que tenha sido, a cidade-estado estava obsoleta.

Palavras sobre palavras

Você talvez tenha notado que me referi a "governos populares" na Grécia, em Roma e na Itália. Como vimos, para designar seus governos populares, os gregos inventaram o termo *democracia*. Os romanos tiraram do latim o nome de seu governo, a *república*, e mais tarde os italianos deram este nome para os governos populares de suas cidades-estado. Você poderia muito bem lembrar que *democracia* e *república* se referem a tipos fundamentalmente diferentes de sistemas constitucionais. Ou será que essas duas palavras refletem justamente as diferenças nas línguas de que vieram?

A resposta correta foi toldada em 1787, num ensaio influente que James Madison escreveu para ganhar apoio à constituição norte-americana recentemente proposta. Um dos principais arquitetos dessa constituição e estadista excepcionalmente conhecedor da ciência política de seu tempo, Madison fazia uma distinção entre "uma democracia pura, que é uma sociedade consistindo num número pequeno de cidadãos, que se reúnem e administram o governo pessoalmente", e uma "república, que é um governo em que há um sistema de representação".[2]

Essa distinção não tinha base alguma na história anterior: nem em Roma nem em Veneza, por exemplo, havia um "sistema de representação". Para falar a verdade, todas as primeiras repúblicas cabiam muito bem na definição de Madison para *democracia*. Além do mais, essas duas palavras foram usadas como sinônimos nos Estados Unidos durante o século XVIII. A distinção de Madison também não é encontrada numa obra do conhecido filósofo político francês

---

[2] James Madison, *The Federalist: A Commentary on the Constitutions of the United States...*, Nova York, Modern Library [1937?], nº 10, p. 59.

Montesquieu, a quem Madison admirava imensamente e muitas vezes elogiou. O próprio Madison, provavelmente, sabia que sua distinção não tinha nenhuma base histórica firme; assim, devemos concluir que ele a criou para desacreditar críticos que discutiam o fato de a constituição proposta não ser suficientemente "democrática".

Entretanto (a questão não está clara), talvez as palavras *democracia* e *república* (apesar de Madison) não designassem diferenças nos tipos de governo popular. Elas apenas refletiam, ao preço da confusão posterior, uma diferença entre o grego e o latim, as línguas de que se originaram.

A Europa do Norte

Quer se chamassem democracias ou repúblicas, os sistemas de governo popular na Grécia, em Roma e na Itália não possuíam inúmeras das características decisivas do moderno governo representativo. A Grécia clássica e a Itália medieval e renascentista compunham-se de governos populares locais, mas não possuíam um governo nacional eficaz. Por assim dizer, Roma tinha apenas um governo local baseado na participação popular, mas nenhum parlamento nacional de representantes eleitos.

Da perspectiva de hoje, evidentemente ausente de todos esses sistemas, estavam pelo menos três instituições políticas básicas: *um parlamento nacional* composto por *representantes eleitos* e *governos locais eleitos pelo povo* que, em última análise, estavam subordinados ao governo nacional. Um sistema combinando a democracia em níveis locais com um parlamento eleito pelo povo no nível mais elevado ainda estava para ser criado.

Essa combinação de instituições políticas originou-se na Inglaterra, na Escandinávia, nos Países Baixos, na Suíça e em qualquer outro canto ao norte do Mediterrâneo.

Embora os padrões do desenvolvimento político divergissem amplamente entre essas regiões, uma versão bastante simplificada seria muito parecida com essa. Em várias localidades, homens livres e nobres começariam a participar diretamente das assembleias locais. A essas, foram acrescentadas assembleias regionais e nacionais, consistindo em representantes a serem *eleitos*.

Assembleias locais

Começo com os vikings, não apenas por sentimentalismo, mas porque sua experiência não é muito conhecida, embora importantíssima. Visitei algumas vezes a fazenda norueguesa a cerca de 130 quilômetros a nordeste de Trondheim, de onde emigrou meu avô paterno (e que, para meu encanto, ainda é conhecida como Dahl Vestre, ou Dahl do Oeste). Na cidadezinha próxima, Steinkjer, ainda se pode ver um anel de grandes pedras em forma de barco, onde, periodicamente, se reuniam os vikings livres entre mais ou menos o ano 600 d.C. a 1000 d.C., para uma assembleia judicial chamada *Ting*, em norueguês. Lugares como esse, alguns ainda mais antigos, podem ser encontrados por toda a vizinhança.

Por volta do ano 900 d.C., as assembleias de vikings livres não se encontravam apenas na região de Trondheim, mas também em muitas áreas da Escandinávia. Como acontecia em Steinkjer, a Ting caracteristicamente se reunia num campo aberto, marcado por grandes pedras verticais. Na reunião da Ting, os homens livres resolviam disputas; discutiam, aceitavam ou rejeitavam leis; adotavam ou derrubavam uma proposta de mudança de religião (por exemplo, aceitaram a religião cristã em troca da antiga religião nórdica); e até elegiam ou davam aprovação a um rei – que em geral devia jurar fidelidade às leis aprovadas pela Ting.

Os vikings pouco ou nada sabiam e menos ainda se importavam com as práticas políticas democráticas e republicanas de mil anos antes na Grécia e em Roma. Dentro da lógica da igualdade que aplicavam aos homens livres, eles parecem ter criado suas próprias assembleias. Entre os vikings livres existia a ideia da igualdade, como demonstra a resposta dada por alguns vikings dinamarqueses quando um mensageiro lhes perguntou da margem do rio que subiam na França: "Qual é nome de vosso senhor?"

– Nenhum. Somos todos iguais.[3]

Em todo caso, temos de resistir à tentação de exagerar. A igualdade de que se gabavam os vikings aplicava-se apenas aos homens livres, e mesmo estes variavam em riqueza e *status*. Abaixo dos

---

[3] Johannes Brøndsted, *The Vikings*, Nova York, Penguin, 1960, p. 241.

homens livres estavam os escravos. Como os gregos e os romanos ou, séculos depois, os europeus e os americanos, os vikings possuíam escravos: inimigos capturados em batalhas, vítimas desafortunadas de incursões pelos povos das vizinhanças ou simplesmente pessoas compradas no velho comércio de escravos que havia por toda parte. Ao contrário dos homens nascidos livres, quando libertados, os escravos continuavam na dependência de seus antigos proprietários. Se os escravos constituíam uma classe abaixo dos homens livres, acima destes havia uma aristocracia de famílias com riqueza, geralmente em terras, e *status* hereditário. No ápice dessa pirâmide social havia um rei, cujo poder era limitado por sua eleição, pela obrigação de obedecer às leis e pela necessidade de reter a lealdade dos nobres e o apoio dos homens livres.

Apesar dessas graves limitações na igualdade, a classe dos homens livres (camponeses livres, pequenos proprietários, agricultores) era grande o bastante para impor uma duradoura influência democrática nas instituições e nas tradições políticas.

Em diversas outras partes da Europa, as condições locais às vezes também favoreciam o surgimento da participação popular no governo. Os vales das altas montanhas dos Alpes, por exemplo, proporcionavam uma medida de proteção e autonomia para os homens livres empenhados em atividades pastoris. Um escritor moderno descreve a Récia (mais tarde, o cantão suíço de Graubünden), por volta do ano 800 d.C.:

> Camponeses livres ... encontravam-se numa singular situação igualitária. Ligados pelo *status* em comum ... e pelos direitos comuns de uso dos pastos das montanhas, eles desenvolveram um sentido de igualdade totalmente em desacordo com o impulso hierárquico e voltado para o *status* do feudalismo medieval. Este espírito mais tarde dominaria o posterior surgimento da democracia na república reciana.[4]

---

[4] Benjamin R. Barber, *The Death of Communal Liberty: A History of Freedom in a Swiss Mountain Canton*, Princeton, Princeton University Press, 1974, p. 115.

Das assembleias aos parlamentos

Quando se aventuraram a oeste, na direção da Islândia, os vikings transplantaram suas práticas políticas e recriaram em diversos locais uma Ting. Foram além: prenunciando o posterior aparecimento de parlamentos nacionais em todos os cantos, no ano 930 d.C., criaram uma espécie de supra Ting, a *Althing*, assembleia nacional que permaneceu a fonte da legislação islandesa por 300 anos, até a Islândia ser finalmente subjugada pelos noruegueses.[5]

Enquanto isso, na Noruega, na Dinamarca e na Suécia, foram criadas assembleias regionais que, depois, como aconteceu na Islândia, se transformaram em assembleias nacionais. Embora o subsequente aumento do poder do rei e das burocracias centralizadas sob seu controle reduzisse a importância dessas assembleias nacionais, elas deixaram sua marca no que veio a acontecer mais tarde.

Na Suécia, por exemplo, a tradição da participação popular nas assembleias do período viking levou, no século XV, a um precursor do parlamento representativo moderno, quando o rei começou a convocar reuniões de representantes de diferentes setores da sociedade sueca: nobreza, clero, burguesia e povo. Posteriormente, essas reuniões evoluíram, transformando-se no *riksdag*, ou parlamento.[6]

No ambiente radicalmente diferente da Holanda e de Flandres, a expansão da indústria, do comércio e do setor financeiro ajudou a criar classes médias urbanas, compostas de indivíduos que dominavam recursos econômicos de bom tamanho. Os governantes, que ansiavam eternamente por rendimentos, não podiam ignorar este rico filão nem taxá-lo sem o consentimento de seus proprietários. Para obter esse consentimento, convocavam reuniões de representantes vindos das cidadezinhas e das classes sociais mais importantes. Essas assembleias, esses parlamentos ou esses "estados", como eram às vezes chamados, não resultaram diretamente nas legislaturas

---

[5] Gwyn Jones, *A History of the Vikings*, 2. ed., Oxford, Oxford University Press, 1985, p. 150, 152, 282-284.
[6] Franklin D. Scott, *Sweden: The Nation's History*, Minneapolis, University of Minnesota Press, 1977, p. 111-112.

nacionais de hoje, mas estabeleceram tradições, práticas e ideias que favoreceram intensamente esse resultado. Enquanto isso, de origens obscuras, aos poucos surgiu um parlamento representativo, que nos séculos futuros viria a exercer, de longe, a maior e mais importante influência sobre a ideia e a prática do governo representativo: o Parlamento da Inglaterra medieval. Menos um produto intencional e planejado do que uma evolução às cegas, o Parlamento emergiu das assembleias convocadas esporadicamente, sob a pressão de necessidades, durante o reinado de Eduardo I, de 1272 a 1307.

A evolução do Parlamento a partir de suas origens é uma história muito demorada e bastante complexa para ser aqui resumida. Não obstante, mais ou menos no século XVIII, essa evolução havia levado a um sistema constitucional em que o rei e o Parlamento eram limitados um pela autoridade do outro; no Parlamento, o poder da aristocracia hereditária na Casa dos Lordes era contrabalançado pelo poder do povo na Casa dos Comuns. As leis promulgadas pelo rei e pelo Parlamento eram interpretadas por juízes que, de modo geral (embora não sempre), independiam tanto do rei quanto do Parlamento.

No século XVII, esse aparentemente maravilhoso sistema de pesos e contrapesos entre as grandes forças sociais do país e a separação dos poderes dentro do governo era amplamente admirado na Europa. Ele foi louvado, entre outros, por Montesquieu, o famoso filósofo político francês, e admirado nos Estados Unidos pelos elaboradores da constituição, muitos dos quais esperavam criar na América do Norte uma república que teria as virtudes do sistema inglês, sem os vícios da monarquia. Em seu devido tempo, a república que eles ajudaram a formar proporcionaria uma espécie de modelo para muitas outras repúblicas.

Democratização: a caminho, apenas a caminho...

Olhando para trás com todas as vantagens de uma visão panorâmica do passado, facilmente conseguimos ver que no início do século XVIII já haviam surgido na Europa ideias e práticas políticas que se tornariam importantes elementos nas convicções e nas instituições democráticas posteriores. Usando uma linguagem mais moderna e abstrata do que empregariam as pessoas dessa época, deixem-me resumir o que seriam esses elementos.

Favorecida por condições e oportunidades locais em muitas áreas da Europa (especialmente na Escandinávia, em Flandres, na Holanda, na Suíça e na Inglaterra), a lógica da igualdade estimulou a criação de *assembleias locais*, em que os homens livres pudessem participar do governo, pelo menos até certo ponto. A ideia de que os governos precisavam do *consenso dos governados*, que no início era uma reivindicação sobre o aumento dos impostos, aos poucos se tornou uma reivindicação a respeito das leis em geral. Numa área grande demais para assembleias diretas de homens livres, como acontece numa cidade, numa região ou num país muito grande, o consenso exigia *representação* no corpo que aumentava os impostos e fazia as leis. Muito diferente do costume ateniense, a representação devia ser garantida pela *eleição* – em vez de sorteio ou alguma outra forma de seleção pelo acaso. Para garantir o consenso de cidadãos livres em um país, nação ou estado-nação, seriam necessários legislativos ou parlamentos representativos eleitos em diversos níveis: local, nacional e talvez até provinciano, regional ou ainda outros níveis intermediários.

Essas ideias e essas práticas políticas europeias proporcionaram uma base para o surgimento da democracia. Entre os proponentes de uma democratização maior, as descrições de governos populares na Grécia clássica, em Roma e nas cidades italianas às vezes emprestavam maior plausibilidade à sua defesa. Essas experiências históricas demonstraram que os governos sujeitos à vontade do povo eram mais do que esperanças ilusórias. Elas *realmente* aconteceram e duraram muitos séculos; valia a pena tirar proveito delas.

O que faltou realizar

Se as ideias, as tradições, a história e os costumes que acabo de descrever continham uma promessa de democratização... na melhor das hipóteses, seria apenas uma promessa. Ainda faltavam peças decisivas.

Em primeiro lugar, mesmo nos países com os mais auspiciosos inícios, imensas desigualdades impunham enormes obstáculos à democracia: diferenças entre direitos, deveres, influência e a força de escravos e homens livres, ricos e pobres, proprietários e não proprietários de terras, senhores e servos, homens e mulheres, trabalhadores independentes e aprendizes, artesãos empregados e donos de oficinas, burgueses e banqueiros, senhores feudais e rendeiros, nobres e gente do povo, monarcas e seus súditos, funcionários do rei e seus subordinados. Mesmo os homens livres eram muito desiguais em *status*, fortuna, trabalho, obrigações, conhecimento, liberdade, influência e poder. Em muitos lugares, a mulher de um homem livre era considerada propriedade sua por lei, pelo costume e na prática. Assim, como sempre acontecia em todos os cantos, a lógica da igualdade mergulhava de cabeça na desigualdade irracional.

Em segundo lugar, mesmo onde existiam, as assembleias e os parlamentos estavam muito longe de corresponder a mínimos padrões democráticos. Muitas vezes os parlamentos não eram páreo para um monarca; deveriam passar muitos séculos antes que o controle sobre os ministros do rei mudasse de um monarca para um parlamento ou que um presidente tomasse o lugar de um rei. Os parlamentos em si eram bastiões de privilégio, especialmente em câmaras reservadas para a aristocracia e o alto clero. Na melhor das hipóteses, os representantes eleitos pelo "povo" tinham apenas uma influência parcial na legislação.

Em terceiro lugar os representantes do "povo", na verdade, não representavam todo o povo. Afinal de contas, os homens livres eram homens. Com a exceção da mulher que ocasionalmente ocupasse o posto de monarca, metade da população adulta estava excluída da vida política. Muitos – ou melhor, a maioria – dos homens adultos também estavam excluídos. Somente em 1832 o direito de voto foi estendido a apenas 5% da população acima dos 20 anos de idade. Naquele ano foi preciso uma tempestuosa luta para expandir o sufrágio a pouco mais de 7% (Fig. 2)! Na Noruega, apesar do promissor aparecimento da participação popular nas Tings dos tempos dos vikings, a porcentagem era um pouco melhor.[7]

---

[7] Dolf Sternberger e Bernhard Vogel, eds., *Die Wahl Der Parliamente*, v. 1, *Europa* Berlim, Walter de Gruyter, 1969, parte 1, Tabela A1, p. 632, parte 2, p. 895, Tabela A2, p. 913.

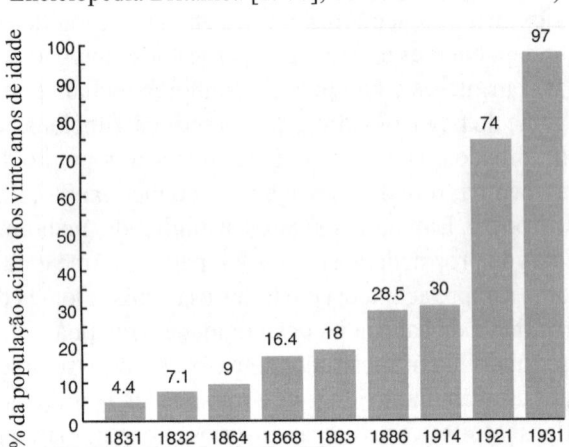

Figura 2: Eleitorado da Grã-Bretanha, 1831-1931 (dados da Enciclopédia Britânica [1970], verbete "Parlamento")

% da população acima dos vinte anos de idade

Ano	%
1831	4,4
1832	7,1
1864	9
1868	16,4
1883	18
1886	28,5
1914	30
1921	74
1931	97

Em quarto lugar, até depois do século VIII, as ideias e as convicções democráticas não eram amplamente compartilhadas nem muito bem compreendidas. Em todos os países, a lógica da igualdade foi eficaz apenas entre poucos – poucos bastante privilegiados. Mesmo a compreensão do que exigiria uma república democrática como instituição política absolutamente não existia. A liberdade de expressão era seriamente restrita, especialmente se exercida para criticar o rei. Não havia legitimidade ou legalidade na oposição política. A "Leal Oposição a Sua Majestade" era uma ideia cujo momento ainda não havia chegado. Os partidos políticos foram amplamente condenados por ser considerados perigosos e indesejáveis. As eleições eram notoriamente corrompidas por agentes da Coroa.

O avanço das ideias e dos costumes democráticos dependia da existência de determinadas condições favoráveis ainda inexistentes. Enquanto somente uns poucos acreditassem na democracia e estivessem prontos para lutar por ela, o privilégio existente se manteria com a ajuda de governos não democráticos. Mesmo no momento em que muitos passaram a acreditar nas ideias e nas metas democráticas, outras condições ainda seriam necessárias para uma democratização maior. Mais adiante, na Parte IV, descreverei algumas das mais importantes dessas condições.

Entretanto, temos de lembrar que, depois do promissor início esboçado neste capítulo, a democratização não seguiu a trilha ascendente até o presente. Havia altos e baixos, movimentos de resistência, rebeliões, guerras civis, revoluções. Por muitos séculos, a ascensão das monarquias centralizadas inverteu alguns dos antigos avanços – ainda que essas mesmas monarquias talvez tenham ajudado a criar algumas das condições favoráveis à democratização em longo prazo.

Examinando-se a ascensão e a queda da democracia, está claro que não podemos contar com as forças históricas para assegurar que a democracia avançará para sempre – ou sobreviverá, como nos fazem lembrar os longos períodos em que desapareceram da face da Terra os governos populares.

Aparentemente, a democracia é um tantinho incerta. Em todo caso, suas chances também dependem do que fazemos. Ainda que não possamos contar com forças históricas benevolentes para favorecer a democracia, não somos simples vítimas de forças cegas sobre as quais não temos nenhum controle. Com uma boa compreensão do que a democracia exige e a vontade para satisfazer essas exigências, podemos agir para preservar e levar adiante as ideias e os costumes democráticos.

Capítulo 3

O que há pela frente?

Quando se discute a democracia, talvez nada proporcione confusão maior do que o simples fato de "democracia" referir-se ao mesmo tempo a um ideal e a uma realidade. Muitas vezes essa distinção não é muito clara. Por exemplo, Alan diz:
– Penso que a democracia é a melhor forma possível de governo.
Beth retruca:
– Você deve estar doido para acreditar que o chamado governo democrático deste país seja o melhor que poderíamos ter! A meu ver, não chega a ser uma grande democracia...
Naturalmente, Alan fala de uma democracia ideal, e Beth se refere a um governo de verdade, do tipo chamado *democracia*. Até conseguirem esclarecer o significado que cada um dos dois tem em mente, Alan e Beth muito discutirão. De minha vasta experiência, sei como isso pode acontecer facilmente – até mesmo (sinto ter de acrescentar) entre acadêmicos profundamente conhecedores das ideias e das práticas democráticas.
Em geral, podemos evitar esse tipo de confusão esclarecendo o significado que tencionamos dar à expressão – Alan continua:
– Ah, mas eu não falava do governo real... Quanto a isso, estaria inclinado a concordar com você...
E Beth replica:
– Muito bem, se você está falando de governos ideais, creio que está certíssimo. Acredito que, no plano ideal, a democracia seja a melhor forma de governo. É por isso que eu gostaria que o nosso governo fosse bem mais democrático do que realmente é.

Os filósofos empenharam-se em intermináveis discussões a respeito das diferenças entre as nossas opiniões sobre metas, fins, valores e assim por diante, além de nossas opiniões sobre realidade, verdade e por aí afora... temos opiniões do primeiro tipo em resposta a perguntas do tipo "O que eu *deveria* fazer? Qual é a coisa certa a fazer?" Formamos opiniões do segundo tipo em resposta a perguntas do tipo "O que *posso* fazer? Que opiniões estão abertas para mim? Quais serão as prováveis consequências, se eu escolher fazer X e não Y?" As opiniões do primeiro tipo são os julgamentos de valor, ou julgamentos morais; as do segundo, são os julgamentos empíricos.

Palavras sobre palavras

Embora os filósofos se tenham empenhado em intermináveis discussões sobre a natureza dos julgamentos de valor, dos julgamentos empíricos e sobre as diferenças entre esses dois tipos de julgamentos, aqui não precisamos nos preocupar com essas questões filosóficas, pois na vida cotidiana estamos bastante habituados a distinguir entre o real e o ideal. Não obstante, devemos ter sempre em mente que é bom haver uma distinção entre os julgamentos de valor e os julgamentos empíricos, desde que não forcemos demais. Quando afirmamos que "um governo deveria dedicar semelhante consideração ao bem e aos interesses de todas as pessoas ligadas por suas decisões" ou que "a felicidade é o bem maior", estamos o mais próximo possível de julgamentos "puros" de valor. Um exemplo no extremo oposto é a proposição estritamente empírica da famosa lei da gravitação universal de Newton, que afirma que a força entre dois corpos é diretamente proporcional ao produto de suas massas e inversamente proporcional ao quadrado da distância entre elas. Na prática, muitas afirmações contêm ou implicam elementos dos dois tipos de julgamentos, o que acontece quase sempre em relação às opiniões sobre a política pública. Por exemplo, alguém que diz que "o governo deveria estabelecer um programa de seguro de saúde universal", na verdade, estará afirmando que: (1) a saúde é um bom objetivo; (2) o governo deveria esforçar-se para atingir este objetivo; e (3) o seguro de saúde universal é a melhor maneira de atingir esse objetivo. Além do mais, fazemos uma enorme série de julgamentos empíricos, como o (3), que representam nossa melhor opinião diante de grandes incertezas. Num sentido estrito, não são conclusões "científicas". Muitas vezes baseiam-se num misto de evidências concretas, evidências subjetivas, evidência nenhuma e incerteza. Julgamentos desse tipo às vezes são chamados "práticos" ou "empíricos". Por fim, um tipo importante de julgamento prático é pesar os ganhos de um determinado valor, indivíduo ou grupo de indivíduos em relação aos custos de outro valor, indivíduo ou grupo. Para descrever situações dessa espécie, às vezes tomarei de empréstimo uma expressão frequentemente adotada pelos economistas, para dizer que temos de escolher entre as diversas "negociações" possíveis entre os nossos objetivos. Conforme avançarmos, iremos deparando com todas essas variantes de julgamentos de valor e julgamentos empíricos.

Objetivos democráticos e realidades

Embora valha a pena distinguir entre ideais e realidades, também precisamos entender como as realidades e as metas ou os ideais democráticos estão ligados entre si. Nos capítulos mais adiante, explicarei mais completamente essas conexões. Enquanto isso, permitam-me usar um gráfico como guia para o que teremos à frente.

Cada uma das quatro questões sobre Ideal e Realidade é fundamental:
O que é democracia? O que significa a democracia? Em outras palavras, que critérios deveríamos utilizar para determinar se – e até que ponto – um governo é democrático?

Figura 3: Os elementos mais importantes

IDEAL		REALIDADE	
Metas e ideais		**Governos democráticos reais**	
O que é democracia	Por que democracia?	Que instituições políticas a democracia exige?	Que condições favorecem a democracia?
Capítulo 4	Capítulos 5-7	Parte III	Parte IV

Creio que um sistema como esse teria de satisfazer cinco critérios e que um sistema que satisfaça a esses critérios seria plenamente democrático. No Capítulo 4, descrevo quatro desses critérios e nos Capítulos 6 e 7 mostro por que precisamos de um quinto critério. No entanto, lembre-se de que esses critérios descrevem um sistema democrático ideal ou perfeito. Imagino que nenhum de nós acredita que realmente possamos chegar a um sistema perfeitamente democrático, dados os inúmeros limites que o mundo real nos impõe. Contudo, esses critérios nos dão padrões em relação aos quais podemos comparar as realizações e as imperfeições restantes dos sistemas políticos existentes e suas instituições, e assim podem nos orientar para as soluções que nos aproximariam do ideal.

Por que a democracia? Que razões podemos dar para acreditar que a democracia é o melhor sistema político? Que valores são mais bem atendidos pela democracia?

Ao responder a essas perguntas, é essencial que nos lembremos de que não estamos *apenas* perguntando por que as pessoas hoje apoiam a democracia, por que a apoiaram no passado ou como surgiram os sistemas democráticos. Pode-se preferir a democracia por inúmeras razões. Por exemplo, algumas pessoas preferem a democracia sem pensar muito por quê; em seu tempo e lugar, falsos louvores à democracia podem ser o mais convencional ou o mais tradicional a fazer. Alguns preferirão a democracia por acreditarem que um governo democrático lhes dará maior oportunidade de enriquecer, por pensarem que a política democrática poderá abrir uma promissora carreira política ou porque alguém que admiram lhes diz que a democracia é melhor – e assim por diante...

Existirão razões para apoiar a democracia de importância mais geral ou, quem sabe, mais universal? Acredito que sim. Essas razões serão discutidas do Capítulo 5 ao Capítulo 7.

Dados os limites e as possibilidades do mundo real, que instituições políticas são necessárias para corresponder da melhor maneira possível aos padrões ideais?

Como veremos no próximo capítulo, em tempos e lugares variados, sistemas políticos dotados de instituições políticas significativamente diferentes têm sido chamados de *repúblicas* ou *democracias*. No capítulo anterior, descobrimos uma razão pela qual diferem as instituições políticas: elas foram adaptadas a enormes diferenças no tamanho ou na escala das unidades políticas – população, território, ou ambas. Algumas unidades políticas, como uma aldeia inglesa, são minúsculas em área e população; outras, como a China, o Brasil ou os Estados Unidos, são gigantescas em ambas. Uma pequena cidade poderá satisfazer razoavelmente bem aos critérios democráticos sem algumas das instituições que seriam necessárias em um grande país, por exemplo.

Entretanto, desde o século XVIII, a ideia de democracia foi aplicada a países inteiros: os Estados Unidos, a França, a Grã-Bretanha, a Noruega, o Japão, a Índia. Instituições políticas que pareceriam necessárias ou desejáveis para a democracia na pequena escala de uma cidadezinha ou de uma vila mostraram ser totalmente impróprias para a escala muito maior de um país moderno. As instituições políticas adequadas para uma cidadezinha seriam também totalmente impróprias até mesmo para países pequenos na escala global, como a Dinamarca ou a Holanda. Nos séculos XIX e XX, surgiu um novo conjunto de instituições parcialmente assemelhado às instituições políticas nas democracias e nas repúblicas antigas; mas, visto na íntegra, ele constitui um sistema político inteiramente novo.

O Capítulo 2 apresentou um rápido esboço desse desenvolvimento histórico. Na Parte III, descrevo mais plenamente as instituições políticas das verdadeiras democracias e como elas variam em pontos importantes.

Uma palavra de advertência: dizer que determinadas instituições são necessárias não é dizer que elas sejam suficientes para atingir a democracia perfeita. Em todos os países democráticos há uma grande lacuna entre a democracia real e a democracia ideal. Essa lacuna oferece uma dificuldade: poderíamos encontrar maneiras de tornar os países "democráticos" mais democráticos?

Se até mesmo os países "democráticos" não são totalmente democráticos, o que poderemos dizer de países que não dispõem das grandes instituições políticas da democracia moderna – os países não democráticos? Como seria possível torná-los mais democráticos, se é que isso seria possível? Por que razão alguns países se tornaram mais democráticos do que outros? Essas questões nos levarão a outras. Que condições em um país (ou qualquer outra unidade política) favorecem o desenvolvimento e a estabilidade das instituições democráticas? Inversamente, poderíamos perguntar: quais condições têm probabilidade de evitar ou impedir seu surgimento e sua estabilidade?

No mundo de hoje, essas questões têm extraordinária importância. Felizmente, neste final do século XX, temos respostas muito melhores do que se poderia obter há poucas gerações e muito melhores do que em qualquer outro momento da história. Na Parte IV, indicarei as respostas que temos para essas questões decisivas no momento em que se encerra o século XX.

As respostas que temos não deixam de ser um tanto incertas. Não obstante, elas proporcionam um ponto de partida mais firme do que nunca para procurarmos as soluções.

Dos julgamentos de valor aos julgamentos empíricos

Antes de abandonar o gráfico, desejo chamar atenção para uma importante mudança quando passamos da esquerda para a direita. Ao responder à pergunta *O que é democracia?*, fazemos julgamentos exclusivamente baseados em nossos valores ou no que acreditamos ser um objetivo bom, correto ou desejável. Quando passamos para a pergunta *Por que democracia?*, nossos julgamentos continuam dependendo muito de valores ideais, mas também de nossas convicções relacionadas a conexões causais, a limites e a possibilidades no mundo real à nossa volta – ou seja, em julgamentos empíricos. Começamos a confiar bem mais nas interpretações das evidências, dos fatos e dos fatos implícitos. Quando tentamos decidir que instituições políticas a democracia realmente exige, confiamos ainda mais nas evidências e nos julgamentos empíricos. No entanto, aqui também o que tem importância para nós em parte depende de nossas opiniões anteriores sobre o significado e o valor da democracia. A razão pela qual talvez nos preocupemos com a forma das instituições políticas no mundo real é que os valores da democracia e seus critérios são importantes para nós.

Quando chegamos ao lado direito do gráfico e procuramos determinar as condições que favorecem o desenvolvimento e a estabilidade das instituições democráticas, nossas opiniões são diretamente empíricas, dependem inteiramente da maneira como interpretamos as evidências de que dispomos. Por exemplo: as convicções democráticas contribuem ou não contribuem de maneira significativa para a sobrevivência das instituições políticas democráticas?

Assim, nossa trilha nos levará da exploração de ideais, metas e valores, na Parte II, para as descrições muito mais empíricas das instituições políticas, na Parte III. Com isso, estaremos em posição para, na Parte IV, passarmos a uma descrição das condições favoráveis ou desfavoráveis para as instituições políticas democráticas, em que nossas opiniões serão de natureza quase exclusivamente empírica. Por fim, no último capítulo, descreverei algumas das dificuldades que as democracias terão de enfrentar nos próximos anos.

Parte II
A democracia ideal

Capítulo 4

O que é democracia?

Todos nós temos objetivos que não conseguimos atingir sozinhos. No entanto, cooperando com outras pessoas que visam a objetivos semelhantes, podemos atingir alguns deles.

Suponhamos então que, para atingir certas metas em comum, você e muitas centenas de outras pessoas concordam em formar uma associação. Podemos deixar de lado os objetivos específicos dessa associação para nos concentrarmos na pergunta que serve de título para este capítulo: *O que é democracia?*

Na primeira reunião, continuaremos supondo, diversos membros dizem que a associação precisará de uma constituição. A opinião deles é bem recebida. Já que você é considerada pessoa dotada de certa habilidade em questões desse tipo, um membro propõe que seja convidado para fazer a minuta de uma constituição, que depois levaria a uma próxima reunião para ser discutida pelos membros. A proposta é adotada por aclamação.

Ao aceitar a incumbência, você diz algo mais ou menos assim:
– Creio que compreendo os objetivos que temos em comum, mas não sei muito bem como deveríamos tomar nossas decisões. Por exemplo: queremos uma constituição que entregue a muitos dos mais capazes e mais instruídos entre nós a autoridade para tomar todas as nossas decisões mais importantes? Esse arranjo garantiria decisões mais sábias, além de poupar muito tempo e esforço para os outros.

Os membros rejeitam em massa uma solução desse tipo. Um deles, a quem chamarei de Principal Falante, argumenta o seguinte:

– Nas questões mais importantes de que esta assembleia tratará, nenhum de nós é tão mais sábio do que os outros, para que automaticamente prevaleçam as ideias de um ou de outro. Ainda que alguns membros saibam mais sobre uma questão em determinado momento, somos todos capazes de aprender o que precisamos saber. Naturalmente, teremos de discutir as questões e deliberar entre nós antes de chegar a qualquer decisão. Deliberar, discutir e depois tomar as decisões políticas é uma das razões pelas quais estamos formando essa associação. Mas todos estamos igualmente qualificados para participar da discussão das questões e discutir as políticas que a nossa associação deve seguir. Consequentemente, a nossa constituição deve basear-se nesse pressuposto, ela terá de assegurar a todos nós o direito de participar das tomadas de decisão da associação. Para ser bem claro: porque estamos todos igualmente qualificados, devemos nos governar democraticamente.

O prosseguimento da discussão revela que as ideias apresentadas pelo Principal Falante estão de acordo com a visão prevalecente. Todos concordam em fazer o esboço de uma constituição, segundo esses pressupostos.

Entretanto, ao começar a tarefa, descobre-se que diversas associações e organizações que se chamam "democráticas" adotaram muitas constituições diferentes. Descobre-se que, mesmo entre países "democráticos", as constituições diferem em pontos importantes. Por exemplo, a Constituição dos Estados Unidos prevê um poderoso chefe executivo na presidência e, ao mesmo tempo, um poderoso legislativo no Congresso; cada um é bastante independente do outro. Em compensação, a maioria dos países europeus preferiu um sistema parlamentar, em que o chefe do Executivo, o primeiro-ministro, é escolhido pelo Parlamento. Pode-se facilmente apontar muitas outras diferenças importantes. Aparentemente, não existe uma só constituição democrática (voltarei a essa questão no Capítulo 10).

Começamos então a nos perguntar se essas diferentes constituições têm algo em comum que justifique intitularem-se "democráticas". Talvez algumas sejam mais "democráticas" do que outras? O que significa *democracia*? Logo os leitores aprenderão que a palavra é usada de maneiras pasmosamente diferentes. Sabiamente, você decidirá ignorar essa infinita variedade de definições, pois a tarefa que tem pela frente é mais específica: criar um conjunto de regras e princípios, uma constituição, que determinará como serão tomadas as decisões da associação. Além disso, a sua associação deverá estar de acordo com um princípio elementar: todos os membros deverão ser tratados (sob a constituição) como se estivessem igualmente qualificados para participar do processo de tomar decisões sobre as políticas que a associação seguirá. Sejam quais forem as outras questões, no governo desta associação todos os membros serão considerados *politicamente iguais*.

Os critérios de um processo democrático

No espesso matagal das ideias sobre a democracia, às vezes impenetrável, é possível identificar alguns critérios a que um processo para o governo de uma associação teria de corresponder, para satisfazer a exigência de que todos os membros estejam igualmente capacitados a participar nas decisões da associação sobre sua política? Acredito que existam pelo menos cinco desses critérios (Fig. 4).

- *Participação efetiva*. Antes de ser adotada uma política pela associação, todos os membros devem ter oportunidades iguais e efetivas para fazer os outros membros conhecerem suas opiniões sobre qual deveria ser essa política.
- *Igualdade de voto*. Quando chegar o momento em que a decisão sobre a política for tomada, todos os membros devem ter oportunidades iguais e efetivas de voto e todos os votos devem ser contados como iguais.
- *Entendimento esclarecido*. Dentro de limites razoáveis de tempo, cada membro deve ter oportunidades iguais e efetivas de aprender sobre as políticas alternativas importantes e suas prováveis consequências.
- *Controle do programa de planejamento*. Os membros devem ter a oportunidade exclusiva para decidir como e, se preferirem, quais as questões que devem ser colocadas no planejamento. Assim, o processo democrático exigido pelos três critérios anteriores jamais é encerrado. As políticas da associação estão sempre abertas para a mudança pelos membros, se assim estes escolherem.

- *Inclusão dos adultos.* Todos ou, de qualquer maneira, a maioria dos adultos residentes permanentes deveriam ter o pleno direito de cidadãos implícito no primeiro de nossos critérios. Antes do século XX, esse critério era inaceitável para a maioria dos defensores da democracia. Justificá-lo exigiria que examinássemos por que devemos tratar os outros como nossos iguais políticos. Depois de explorarmos essa questão nos Capítulos 6 e 7, voltarei ao critério de inclusão.

Figura 4: O que é democracia?

A democracia proporciona oportunidades para:

1. Participação efetiva

2. Igualdade de voto

3. Aquisição de entendimento esclarecido

4. Exercer o controle definitivo do planejamento

5. Inclusão dos adultos

Enquanto isso, você poderia começar a se perguntar se os quatro primeiros critérios são apenas seleções muitíssimo arbitrárias de várias possibilidades. Teremos boas razões para adotar esses padrões especiais para um processo democrático?

Por que esses critérios?

A resposta mais curta é simplesmente esta: cada um deles é necessário, se os membros (por mais limitado que seja seu número) forem politicamente iguais para determinar as políticas da associação. Em outras palavras, quando qualquer das exigências é violada, os membros não serão politicamente iguais.

Por exemplo, se alguns membros recebem maiores oportunidades do que outros para expressar seus pontos de vista, é provável que suas políticas prevaleçam. No caso extremo, restringindo as oportunidades de discutir as propostas constantes no programa, uma pequena minoria poderá realmente determinar as políticas da associação. O critério da participação efetiva visa evitar que isso aconteça.

Suponhamos que os votos de diferentes membros sejam contados desigualmente. Por exemplo, imagine que aos votos seja atribuído um peso proporcional à quantidade de propriedades dos membros e estes possuam quantidades imensamente diferentes de propriedades. Se acreditamos que todos os membros estão igualmente bem qualificados para participar das decisões da associação, por que os votos de alguns deveriam ser contados mais do que os votos de outros?

Embora os dois primeiros critérios pareçam quase evidentes, o critério do entendimento esclarecido poderia ser questionado: será necessário ou adequado? Se os membros não forem igualmente qualificados, por que então criar uma constituição baseada no pressuposto de que são iguais?

Contudo, como disse o Principal Falante, o princípio da igualdade política pressupõe que os membros estejam todos igualmente qualificados para participar das decisões, *desde que* tenham iguais oportunidades de aprender sobre as questões da associação pela investigação, pela discussão e pela deliberação. O terceiro critério visa assegurar essas oportunidades para cada um dos membros. Sua essência foi apresentada no ano 431 a.C. pelo ateniense Péricles, numa famosa oração comemorativa dos mortos da guerra da cidade:

> Nossos cidadãos comuns, embora ocupados com as atividades da indústria, ainda são bons juízes das questões públicas ... e, em vez de ver a discussão como um impedimento da ação, pensamos ser um preliminar indispensável para qualquer ação judiciosa.[1]

Reunidos, os três primeiros critérios pareceriam suficientes. Imagine que alguns membros se oponham secretamente à ideia de que todos devam ser tratados como iguais políticos no governo dos negócios da associação. Os interesses dos maiores proprietários, dizem eles, são bem mais importantes do que os interesses dos outros.

---

[1] Tucídides, *Complete Writings: The Peloponnesian War*, tradução Crawley (para o inglês) não resumida, com introdução de John H. Finley Jr., Nova York, Random House, 1951, p. 105.

Argumentam que, embora fosse melhor se os votos dos maiores proprietários recebessem maior peso, eles sempre venceriam, o que parece estar fora de questão. Consequentemente, seria necessário haver um dispositivo que lhes permitisse prevalecer, não importa o que a maioria dos associados adote em voto livre e justo.

Eles apresentam uma solução criativa: uma constituição que corresponderia satisfatoriamente aos três primeiros critérios e que, até esse ponto, pareceria plenamente democrática. No entanto, para anular esses critérios, propõem exigir que nas reuniões gerais os membros pudessem apenas discutir e votar sobre questões já incluídas no programa por uma comissão executiva; a participação nesse comitê executivo estará aberta apenas para os maiores proprietários. Controlando o programa do governo, essa minúscula "igrejinha" teria a certeza de que a associação jamais atuará contra seus interesses, porque jamais permitirá qualquer proposta que se mostre contrária a seus interesses.

Depois de refletir, você rejeitará a proposta deles, por violar o princípio da igualdade política que deveria sustentar. Em vez disso, você é levado a buscar arranjos constitucionais que satisfaçam o quarto critério, garantindo assim que o controle final permaneça em mãos do conjunto dos associados.

Para que os membros sejam iguais políticos no governo dos negócios da associação, seria preciso corresponder a todos os quatro critérios. Parece então que descobrimos os critérios que devem ser correspondidos por uma associação regida por princípios democráticos.

Algumas questões decisivas

Será que respondemos à pergunta "o que é democracia?"... Seria tão fácil responder a essa pergunta! A resposta que apresentei é um bom lugar para começarmos, mas ela sugere muitas outras perguntas.

Para começar: mesmo que os critérios sejam bem aplicados ao governo de uma associação voluntária muito pequena, seriam aplicáveis ao governo de um *Estado*...?

Palavras sobre palavras

Como a palavra *Estado* muitas vezes é utilizada de maneira livre e ambígua, eu gostaria de dizer rapidamente o que entendo sobre ela. A meu ver, *Estado* é um tipo muito especial de associação que se distingue pelo tanto que pode garantir a obediência às regras sobre as quais reivindica jurisdição, por seus meios superiores de coerção. Quando as pessoas falam sobre "governo", normalmente se referem ao *governo do Estado* sob cuja jurisdição vivem. Por toda a história, com raras exceções, os Estados exerceram sua jurisdição sobre pessoas que ocupam um determinado território (às vezes incerto ou contestado). Podemos então pensar no Estado como entidade territorial. Embora em alguns momentos ou lugares o território de um Estado não seja maior do que uma cidade, nos últimos séculos em geral reclamaram jurisdição sobre países inteiros.

Pode-se pensar que uso subterfúgios em minha rápida tentativa de transmitir o significado da palavra *Estado*. Os textos de filósofos conhecedores da política e das leis provavelmente exigiriam o consumo de uma pequena floresta, mas o que eu disse servirá para nossos objetivos.[2]

Voltemos à nossa questão. Podemos aplicar os critérios ao governo de um Estado? É claro que sim! Há muito tempo, o foco essencial das ideias democráticas é o Estado. Embora outros tipos de associações, em especial algumas organizações religiosas, tenham mais tarde desempenhado um papel na história das ideias e das praticas democráticas, desde o início da democracia na Grécia e na Roma antiga, as instituições políticas, que normalmente consideramos características da democracia, foram criadas, em essência, como um meio de democratizar o governo dos Estados.

Talvez valha a pena repetir: nenhum Estado jamais possuiu um governo que estivesse plenamente de acordo com os critérios

---

[2] Os leitores norte-americanos acostumados a aplicar a expressão *estado* para os estados que constituem o sistema federal dos Estados Unidos poderão achar confuso este uso. A expressão é amplamente usada na legislação internacional, nas ciências políticas, na filosofia, e em outros países, incluindo diversos com sistemas de federação, constituídos de partes chamadas *províncias* (como o Canadá), *cantões* (a Suíça), *Lande* (a Alemanha), e assim por diante.

de um processo democrático. É provável que isso não aconteça. No entanto, como espero demonstrar, esses critérios proporcionam configurações altamente vantajosas para se avaliar as realizações e as potencialidades do governo democrático.

Uma segunda questão: seria realista pensar que uma associação poderia satisfazer plenamente a esses critérios? Em outras palavras, poderia alguma associação verdadeira ser plenamente democrática? No mundo real, será provável que todos os membros de uma associação tenham iguais oportunidades de participar, de adquirir informação para compreender as questões envolvidas e assim influenciar o programa?

Não, não é provável. Se fosse, seriam úteis esses critérios? Ou serão apenas esperanças utópicas pelo impossível? A resposta mais simples é que são tão úteis quanto podem ser modelos ideais e mais importantes e úteis do que muitos. Eles nos proporcionam padrões para medirmos o desempenho de associações reais que afirmam ser democráticas. Podem servir como orientação para a moldagem e a remoldagem de instituições políticas, constituições, práticas e arranjos concretos. Para todos os que aspiram à democracia, eles também podem gerar questões pertinentes e ajudar na busca de respostas.

Assim como se conhece o bom cozinheiro provando a comida, espero mostrar nos próximos capítulos como esses critérios podem nos orientar para as soluções de alguns dos principais problemas da teoria e da prática democrática.

Uma terceira questão: considerando que nos sirvam de orientação, bastariam esses critérios para o planejamento de instituições políticas democráticas? Se, como imaginei anteriormente, houvesse recebido o encargo de planejar uma constituição democrática e propor instituições verdadeiras de um governo democrático, você conseguiria passar diretamente dos critérios ao plano? Evidentemente, não. Um arquiteto munido apenas dos critérios dados pelo cliente – localização, tamanho, estilo geral, número e tipo de peças, custo, cronograma e assim por diante – só poderia desenhar o projeto depois de levar em conta uma série enorme de fatores específicos. O mesmo acontece com as instituições políticas.

Não é nada simples encontrarmos a melhor maneira de interpretar os nossos padrões democráticos, aplicá-los a uma associação específica e criar as práticas e as instituições políticas que eles exigiriam. Para isso, devemos mergulhar de cabeça nas realidades políticas, em que nossas opções exigirão incontáveis julgamentos teóricos e opiniões práticas. Entre outras dificuldades, quando tentamos aplicar muitos critérios (neste caso, pelo menos quatro), é provável que venhamos a descobrir que eles às vezes entram em conflito uns com os outros e tenhamos de ponderar os valores conflitantes, como descobriremos no exame das constituições democráticas no Capítulo 10.

Por fim, uma questão ainda mais fundamental: aparentemente, as ideias do Principal Falante foram aceitas sem discussão. Por quê? Por que deveríamos acreditar que a democracia é desejável, especialmente no governo de uma associação importante como o Estado? Se a característica desejável da democracia pressupõe a desejável característica da igualdade política, por que deveríamos acreditar em algo que, diante disso, parece bastante absurdo? E se não acreditamos em igualdade política, como poderemos apoiar a democracia? Se acreditamos em igualdade política entre os cidadãos de um Estado, isso não exigiria que adotássemos algo como o quinto critério – até mesmo a cidadania?

Agora nos voltaremos para essas complicadas questões.

Capítulo 5

Por que a democracia?

Por que deveríamos apoiar a democracia? Por que deveríamos apoiar a democracia no governo do Estado? Lembremos: o Estado é uma associação singular, cujo governo possui uma extraordinária capacidade de obter obediência a suas regras pela força, pela coerção e pela violência, entre outros meios. Não haverá melhor maneira de governar um Estado? Um sistema não democrático de governo não seria melhor?

Palavras sobre palavras

Em todo esse capítulo, usarei a palavra *democracia* livremente para me referir a governos de verdade (não governos ideais) que até certo ponto, mas não completamente, correspondam aos critérios apresentados no último capítulo. Às vezes, usarei também *governo popular* como expressão abrangente, incluindo os sistemas democráticos do século XX e ainda sistemas que são democráticos de maneira diferente, nos quais boa parte da população adulta está excluída do sufrágio e de outras formas de participação política.

Até o século XX, a maior parte do mundo proclamava a superioridade dos sistemas não democráticos, na teoria e na prática. Até bem pouco tempo, uma preponderante maioria dos seres humanos – às vezes, todos – estava sujeita a governantes não democráticos. Os chefes dos regimes não democráticos em geral tentaram justificar seu domínio recorrendo à velha exigência persistente de que, em geral, as pessoas simplesmente não têm competência para participar do governo de um Estado. Segundo esse argumento, a maioria estaria bem melhor se deixasse o complicado problema do governo nas mãos dos mais sábios – no máximo, da minoria, às vezes apenas uma pessoa... Na prática, esse tipo de racionalização nunca era suficiente, e, assim, onde a argumentação era deixada de lado, a coerção assumia o controle. A maioria jamais consentia em ser governada pelos autonomeados superiores, mas era obrigada a aceitá-los. Esse tipo de visão (e prática) ainda não terminou. Mesmo nos dias de hoje. De uma forma ou de outra, a discussão sobre o governo "de um, de poucos ou de muitos" ainda existe entre nós.

Figura 5: Por que a democracia?

A democracia apresenta consequências desejáveis:

1. Evita a tirania

2. Direitos essenciais

3. Liberdade geral

4. Autodeterminação

5. Autonomia moral

6. Desenvolvimento humano

7. Proteção dos interesses pessoais essenciais

8. Igualdade política

Além disso, as democracias modernas apresentam:

9. A busca pela paz

10. A prosperidade

Diante de tanta história, por que acreditaríamos que a democracia é a melhor maneira de governar um Estado do que qualquer opção não democrática? Contarei por quê. A democracia tem pelo menos dez vantagens (Fig. 5) em relação a qualquer alternativa viável.

A democracia ajuda a evitar o governo de autocratas cruéis e corruptos

O problema fundamental e mais persistente na política talvez seja evitar o domínio autocrático. Em toda a história registrada, incluindo este nosso tempo, líderes movidos por megalomania, paranoia, interesse pessoal, ideologia, nacionalismo, fé religiosa, convicções de superioridade inata, pura emoção ou simples impulso exploraram as excepcionais capacidades de coerção e violência do Estado para atender a seus próprios fins. Os custos humanos do governo despótico rivalizam com os custos da doença, da fome e da guerra.

Pense em alguns exemplos do século XX. Sob o governo de Joseph Stalin, na União Soviética (1929-1953), milhões de pessoas foram encarceradas por motivos políticos, muitas vezes devido ao medo paranoico que ele tinha de conspirações contra si. Estima-se que 20 milhões morreram nos campos de trabalho, foram executados por razões políticas ou morreram da fome (1932-1933) que aconteceu quando Stalin obrigou os camponeses a se inscrever nas fazendas administradas pelo Estado. Embora outros 20 milhões talvez tenham conseguido sobreviver ao governo de Stalin, todos sofreram cruelmente.[1] Pense também em Adolph Hitler, o governante autocrata da Alemanha nazista (1933-1945). Sem contar as dezenas de milhões de baixas militares e civis resultantes da Segunda Guerra Mundial, Hitler foi diretamente responsável pela morte de seis milhões de judeus nos campos de concentração, além de milhares de opositores, poloneses, ciganos, homossexuais e membros de outros grupos que ele desejava exterminar. Sob o governo despótico de Pot Pol, no Cambodja (1975-1979), o Khmer Vermelho matou um quarto da população cambodjana: pode-se dizer que um exemplo de genocídio autoinfligido. Tão grande era o temor de Pot Pol das classes instruídas, que elas foram praticamente eliminadas – usar óculos ou não ter calos nas mãos era quase uma sentença de morte.

---

[1] Esses números são de Robert Conquest, *The Great Terror, Stalin's Purge of the Thirties*, Nova York, MacMillan, 1968, p. 525 ss., e de uma compilação de 1989, do eminente historiador russo Roy Medvedev, *New York Times*, 4 de fevereiro de 1989, p. 1.

Sem dúvida, a história do governo popular tem suas próprias falhas, bastante graves. Como todos os outros governos, os populares algumas vezes agiram injusta ou cruelmente em relação aos povos fora de suas fronteiras, vivendo em outros Estados – estrangeiros, colonizados e assim por diante. Com estes, os governos populares não se comportaram pior em relação a forasteiros do que os governos não democráticos, que muitas vezes se comportaram melhor. Em alguns casos, como na Índia, o poder colonial inadvertida ou intencionalmente contribuiu para a criação de convicções e instituições democráticas. Mesmo assim, não deveríamos tolerar as injustiças que os países democráticos muitas vezes mostram para os de fora, pois assim eles contradizem um princípio moral fundamental que (veremos no próximo capítulo) ajuda a justificar a igualdade política entre os cidadãos de uma democracia. A única solução para essa contradição poderá ser um rigoroso código universal de direitos humanos com vigência no mundo inteiro. Por importantes que sejam, esse problema e sua solução estão além dos limites deste livrinho.

O dano infligido por governos populares a pessoas que vivem em sua jurisdição e são forçadas a obedecer suas leis, mas estão privadas do direito de participar no governo, impõe uma dificuldade maior às ideias e às práticas democráticas. Essas pessoas são governadas, mas não governam. A solução para o problema é evidente, ainda que nem sempre fácil de levar a cabo: os direitos democráticos devem ser estendidos aos membros dos grupos excluídos. Essa solução foi amplamente adotada no século XIX e início do século XX, quando os limites ao sufrágio foram abolidos e o sufrágio universal se tornou um aspecto normal do governo democrático.[2]

Espere aí!... diria você, será que os governos populares também não prejudicam a minoria de cidadãos que possuem os direitos de voto mas são derrotados pelas maiorias? Não será isso o que chamamos de "tirania da maioria"?

Eu gostaria muito que a resposta fosse simples. Ah! – é bem mais complicada do que você poderia imaginar. Surgem compli-

---

[2] Uma importante exceção foram os Estados Unidos; nos estados do Sul, eram impostos limites *de facto* do sufrágio pelos cidadãos negros até depois da assinatura dos Atos dos Direitos Civis de 1964-1965.

cações porque, virtualmente, toda lei ou política pública, adotada por um ditador benevolente, por maioria democrática ou minoria oligárquica, tende a prejudicar de alguma forma algumas pessoas. Em palavras singelas, não se trata de uma questão de saber se um governo pode criar todas as suas leis de modo que nenhuma dela fira os interesses de qualquer cidadão. Nenhum governo, nem mesmo um governo democrático, poderia sustentar uma afirmação desse tipo. A questão é saber se em longo prazo há probabilidade de um processo democrático prejudicar menos os direitos e os interesses fundamentais de seus cidadãos do que qualquer alternativa não democrática. No mínimo, porque os governos democráticos previnem os desmandos de autocracias no governo, e assim correspondem a essa exigência melhor do que os governos não democráticos.

Não obstante, apenas porque as democracias são bem menos tirânicas do que os regimes não democráticos, os cidadãos democráticos não podem se permitir o luxo da complacência. Não é razoável justificarmos a perpetração de um crime menor porque outros cometem crimes maiores. Quando um país democrático inflige uma injustiça, mesmo seguindo procedimentos democráticos, o resultado continuará sendo... uma injustiça. O poder da maioria não faz o direito da maioria.[3]

Há outras razões para se acreditar que as democracias, provavelmente, sejam mais justas e respeitem mais os interesses humanos básicos do que as não democracias.

A democracia garante a seus cidadãos uma série de direitos fundamentais que os sistemas não democráticos não concedem e não podem conceder

A democracia não é apenas um processo de governar. Como os direitos são elementos necessários nas instituições políticas democráticas, a democracia também é inerentemente um sistema de direitos.

---

[3] Para investigar mais profundamente o problema, ver James S. Fishkin, *Tyranny and Legitimacy: A Critique of Political Theories*, Baltimore, Johns Hopkins University Press, 1979.

Os direitos estão entre os blocos essenciais da construção de um processo de governo democrático.

Por um momento, imagine os padrões democráticos descritos no último capítulo. Não está óbvio que, para satisfazer a esses padrões, um sistema político teria necessariamente de garantir certos direitos a seus cidadãos? Tome-se a participação efetiva: para corresponder a essa norma, seus cidadãos não teriam necessariamente de possuir um *direito* de participar e um *direito* de expressar suas ideias sobre questões políticas, de ouvir o que outros cidadãos têm a dizer, de discutir questões políticas com outros cidadãos? Veja o que requer o critério de igualdade de voto: os cidadãos devem ter um *direito* de votar e de ter seus votos contados com justiça. O mesmo acontece com as outras normas democráticas: é evidente que os cidadãos devem ter um *direito* de investigar as opções viáveis, um *direito* de participar na decisão de *como* e *o que* deve entrar no planejamento – e assim por diante.

Por definição, nenhum sistema não democrático permite a seus cidadãos (ou súditos) esse amplo leque de direitos políticos. Se qualquer sistema político o fizer, por definição se tornaria uma democracia!

Não obstante, a diferença não é apenas uma questão de definições. Para satisfazer as exigências da democracia, os direitos nela inerentes devem *realmente* ser cumpridos e, na prática, devem estar à disposição dos cidadãos. Se não estiverem, se não forem compulsórios, o sistema político não é democrático, apesar do que digam seus governantes, e as "aparências externas" de democracia serão apenas fachada para um governo não democrático.

Por causa do apelo das ideias democráticas, no século XX os déspotas disfarçaram seus governos com um espetáculo de "democracia" e "eleições". Imagine que, realisticamente falando, num país desse tipo todos os direitos necessários à democracia, de alguma forma, estão à disposição dos cidadãos. Depois o país fez a transição para a democracia – como aconteceu com muita frequência na última metade do século XX.

A essa altura, você faria uma objeção, alegando que a liberdade de expressão, digamos, não existe apenas por ser parte da própria definição de democracia. Mas quem se importa com definições?

Certamente, dirá você, a associação deve ser algo além de uma definição. É isso mesmo. Instituições que proporcionem e protejam oportunidades e direitos democráticos essenciais são necessárias à democracia: não simplesmente na qualidade de condição logicamente necessária, mas de condição empiricamente necessária para a democracia existir.

Mesmo assim, você perguntaria, tudo isso não seriam apenas teorias, abstrações, brincadeiras de teóricos, filósofos e outros intelectuais? Certamente, acrescentará você, seria bobagem pensar que o apoio de meia dúzia de filósofos seja o suficiente para criar e sustentar uma democracia. Naturalmente, você teria razão. Na Parte IV, examinaremos algumas das condições que aumentam as chances da manutenção da democracia. Entre elas, a existência de convicções bastante disseminadas entre cidadãos e líderes, incluindo as convicções nas oportunidades e nos direitos necessários para a democracia.

A necessidade desses direitos e dessas oportunidades não é tão obscura que esteja além da compreensão dos cidadãos comuns e de seus líderes políticos. Por exemplo, no século XVIII, estava muito claro para americanos bastante comuns que eles não poderiam ter uma república democrática sem a liberdade de expressão. Uma das primeiras ações de Thomas Jefferson depois de eleito para a presidência, em 1800, foi dar um fim às infamantes leis dos Estrangeiros e do Tumulto* promulgadas sob o governo de seu antecessor, John Adams, que teria reprimido a expressão política. Com isso, Jefferson respondia não apenas a suas próprias convicções, mas, aparentemente, a ideias amplamente disseminadas entre os cidadãos norte-americanos comuns de seu tempo. Se e quando os cidadãos deixam de entender que a democracia exige certos direitos fundamentais ou não apoiam as instituições políticas, jurídicas e administrativas que protegem esses direitos, sua democracia corre algum risco.

Felizmente, esse perigo é bastante reduzido por um terceiro benefício dos sistemas democráticos.

---

* A Lei dos Estrangeiros (1798) permitia ao presidente prender e expulsar qualquer estrangeiro que julgasse perigoso. Foi revogada em 1800. A Lei do Tumulto foi uma tentativa de reprimir editores de jornais que apoiavam o Partido Republicano, os quais, em sua maioria, eram imigrantes ou refugiados. (N. do E.)

A democracia garante a seus cidadãos uma liberdade pessoal mais ampla do que qualquer alternativa viável a ela

Além de todos os direitos, liberdades e oportunidades rigorosamente necessários para um governo ser democrático, os cidadãos numa democracia, com certeza, gozam de uma série de liberdades ainda mais extensa. A convicção de que a democracia é desejável não existe isolada de outras convicções. Para a maioria das pessoas, é parte de um feixe de convicções, como a certeza de que a liberdade de expressão é desejável em si, por exemplo. No universo de valores ou bens, a democracia tem um lugar decisivo – mas não é o único bem. Como os outros direitos essenciais para um processo democrático, a livre expressão tem seu próprio valor, por contribuir para a autonomia moral, para o julgamento moral e para uma vida boa.

A democracia não poderia existir mais, a menos que seus cidadãos conseguissem criar e sustentar uma cultura política de apoio, na verdade uma cultura geral de apoio a esses ideais e a essas práticas. A relação entre um sistema democrático de governo e a cultura democrática que o apoia é complexa; voltaremos a ela no Capítulo 12. Por enquanto, basta dizer que é quase certo uma cultura democrática dar ênfase ao valor da liberdade pessoal e assim proporcionar apoio para outros direitos e outras liberdades. O que disse Péricles, o estadista grego, sobre a democracia ateniense em 431 a.C. aplica-se igualmente à democracia moderna: "A liberdade que gozamos em nosso governo também se estende à vida comum".[4]

Para falar a verdade, a afirmação de que um Estado democrático proporciona uma liberdade mais ampla do que qualquer viável alternativa teria problemas com a dos que acreditam que obteríamos maior liberdade se o Estado fosse inteiramente abolido – a audaciosa reivindicação dos anarquistas.[5] Contudo, quando se tenta imaginar um mundo sem nenhum Estado, em que todas as pessoas respeitam os direitos fundamentais de todas as outras e todas as questões que

---

[4] Tucídides, *The Peloponnesian War*, Nova York, Modern Library, 1951, p. 105.
[5] A palavra *anarquia* vem do grego *anarchos*, que significa sem governo (*an*, não + *archos*, governante). O anarquismo é uma teoria política que defende a ideia de que o Estado é desnecessário e indesejável.

exigem decisões coletivas são resolvidas pacificamente por consenso unânime, em geral se chega à conclusão de que é impossível. A coerção de algumas pessoas por outras pessoas, grupos ou organizações seria sempre muito parecida – por exemplo, a de pessoas, grupos ou organizações que pretendem roubar o fruto do trabalho dos outros, escravizar ou dominar os mais fracos, impor suas regras ou até recriar um Estado coercitivo para assegurar seu domínio. No entanto, se a abolição do Estado causasse violência e desordem intolerável – "anarquia" no sentido popular –, é claro que um bom Estado seria superior ao mau Estado que, provavelmente, viria nos calcanhares da anarquia.

Se rejeitamos o anarquismo e pressupomos a necessidade de um Estado, é claro que um Estado com um governo democrático proporcionará uma amplitude maior de liberdade do que qualquer outra.

A democracia ajuda as pessoas a proteger seus próprios interesses fundamentais

Todos ou quase todos querem determinadas coisas: sobrevivência, alimento, abrigo, saúde, amor, respeito, segurança, família, amigos, trabalho satisfatório, lazer – e outras. O que você especificamente deseja provavelmente difere do que outra pessoa quer. Você desejará exercer algum controle sobre os fatores que determinam se e até que ponto poderá satisfazer as suas carências – alguma liberdade de escolha, uma oportunidade de moldar a sua vida conforme os seus próprios objetivos, preferências, gostos, valores, compromissos, convicções. A democracia protege essa liberdade e essa oportunidade melhor que qualquer sistema político alternativo que já tenha sido criado. Ninguém expôs essa discussão de maneira mais convincente que John Stuart Mill.

Um princípio "de verdade e aplicabilidade tão universal quanto quaisquer proposições que sejam apresentadas com relação aos negócios humanos" – escreveu ele –...

> é que os direitos e os interesses de todas as pessoas certamente serão levados em conta quando a pessoa é capaz e está nor-

malmente disposta a defendê-los. ... Os seres humanos só estão seguros do mal em mãos de outros na proporção em que têm a força para se proteger e *se protegem*.

Você pode proteger os seus direitos e interesses dos desmandos do governo e dos que influenciam ou controlam o governo, continuava ele, apenas se puder participar plenamente na determinação da conduta do governo. Portanto, concluía, "nada pode ser mais desejável que a admissão de todos em uma parcela no poder soberano do Estado" – ou seja: um governo democrático.[6]

Mill estava certo. Para falar a verdade, ainda que você faça parte do eleitorado de um Estado democrático, não poderá ter a certeza de que todos os seus interesses serão bem protegidos – mas se estiver excluído, pode ter a certeza de que os seus interesses serão gravemente feridos por descuido ou por perdas completas. Melhor estar dentro do que fora!

A democracia ainda está relacionada com a liberdade de outra maneira.

Apenas um governo democrático pode proporcionar uma oportunidade máxima para as pessoas exercitarem a liberdade da autodeterminação – ou seja: viverem sob leis de sua própria escolha

Nenhum ser humano normal pode gozar uma vida satisfatória a não ser em associação com outras pessoas. Contudo, isso tem um preço – nem sempre se pode fazer o que se gostaria de fazer. Assim que deixou a infância para trás, você aprendeu um fato básico da vida: o que você gostaria de fazer muitas vezes entra em conflito com o que os outros gostariam de fazer. Deve ter aprendido também que o seu grupo ou grupos segue/m certas regras que, na qualidade de participante, você também terá de obedecer. Se ninguém pode simplesmente impor as suas vontades pela força, será preciso encontrar um meio de resolver pacificamente as diferenças, preferivelmente pelo consenso.

---

[6] John Stuart Mills, *Considerations on Representative Government* [1861], Nova York, Liberal Arts Press, 1958, p. 43, 45.

Surge então uma questão que se mostrou profundamente desconcertante, tanto na teoria como na prática. Como será possível escolher as regras as quais o grupo obriga a obedecer? Devido à excepcional capacidade do Estado de impor suas regras pela coerção, essa é uma questão especialmente importante para a sua posição como cidadão ou súdito de um Estado. Como se pode ao mesmo tempo ter a liberdade para escolher as leis que o Estado fará respeitar e, ainda assim, depois de escolher essas leis, não ser livre para desobedecê-las?

Se você e seus concidadãos sempre concordassem entre si, a solução seria fácil: todos simplesmente concordariam unanimemente a respeito das leis. Em tais circunstâncias, talvez não houvesse nenhuma necessidade de leis, a não ser para servir de lembrete: obedecendo às leis, cada um estaria obedecendo a si mesmo. O problema realmente desapareceria e a completa harmonia entre todos tornaria realidade o sonho do anarquismo! Que maravilha! A experiência mostra que a unanimidade legítima, não imposta e duradoura, é rara nas questões humanas; o consenso perfeito e duradouro é um objetivo inatingível. Assim, nossa complicada questão permanece...

Se não é razoável esperar-se viver em perfeita harmonia com todos os seres humanos, poderíamos experimentar criar um processo para chegar a decisões em relação a regras e a leis que satisfaçam determinados critérios razoáveis.

- Um processo garantiria que, antes de uma lei ser promulgada, todos os cidadãos tenham a oportunidade de apresentar seus pontos de vista.
- Todos terão garantidas oportunidades para discutir, deliberar, negociar e procurar soluções conciliatórias, que nas melhores circunstâncias poderiam levar a uma lei que todos considerarão satisfatória.
- No mais provável caso da impossibilidade de se atingir a unanimidade, a lei proposta pelo maior número será a promulgada.

Você perceberá que esses critérios são parte do ideal democrático, descrito no capítulo anterior. Embora não assegurem que todos os membros literalmente viverão sob as leis que escolheram, eles expandem a autodeterminação até seu maior limite viável. Ainda que esteja entre os eleitores cuja opção preferida é rejeitada pela maioria de seus concidadãos, você haverá de convir que esse processo é mais justo que qualquer outro que razoavelmente tenha esperança de atingir. Você estará exercendo a sua liberdade de autodeterminação escolhendo livremente viver sob uma constituição democrática em vez de uma alternativa não democrática.

Somente um governo democrático pode proporcionar uma oportunidade máxima de exercer a responsabilidade moral

O que significa "exercer a responsabilidade moral"? A meu ver, é adotar os *seus* princípios morais e tomar decisões baseadas nesses princípios apenas depois de se empenhar num ponderado processo de reflexão, deliberação, escrutínio e consideração das alternativas e suas consequências. Ser moralmente responsável é ter o governo de si no domínio das opções moralmente pertinentes.

Isso exige mais do que podemos esperar em geral. Não obstante, até o ponto em que a sua oportunidade de viver sob as leis de sua própria escolha é limitada, o escopo da sua responsabilidade moral também está limitado. Como é possível ser responsável por decisões que não se pode controlar? Se você não tem como influenciar a conduta dos funcionários do governo, como poderá ser responsável por sua conduta? Se você está sujeito a decisões coletivas (certamente está) e se o processo democrático maximiza a sua oportunidade de viver sob leis de sua própria escolha, é claro que – a um ponto que nenhuma alternativa não democrática pode atingir – ele também o capacita a viver como indivíduo moralmente responsável.

A democracia promove o desenvolvimento humano mais plenamente do que qualquer opção viável

Esta é uma declaração corajosa e consideravelmente mais polêmica que qualquer uma das outras. Você observará que é uma afirmação empírica, algo que diz respeito a fatos. A princípio, deveríamos testar essa afirmação, criando uma boa maneira de medir o "desenvolvimento humano" e comparando esse desenvolvimento entre os povos que vivem em regimes democráticos e não democráticos. Tarefa complicadíssima. Embora existam evidências que apoiem a proposição, é melhor considerá-la uma afirmação altamente plausível, mas não comprovada.

Praticamente todos têm ideias a respeito das características humanas que pensam ser desejáveis ou indesejáveis – características que deveriam ser desenvolvidas se desejáveis e eliminadas, quando indesejáveis. Entre as características desejáveis que em geral gostaríamos de promover estão a honestidade, a justiça, a coragem e o amor. Muitos também acreditam que as pessoas amadurecidas devem ser capazes de tomar conta de si e cuidar de seus próprios interesses, em vez de esperar que outros o façam. Muitos pensam que adultos devem agir com responsabilidade, ponderar as melhores alternativas e pesar as consequências de seus atos, levar em conta os direitos e as obrigações dos outros e os seus. Além disso, deveriam saber discutir livre e abertamente com outros os problemas que enfrentam juntos.

Ao nascer, a maioria dos seres humanos possui o potencial para desenvolver essas características. Esse desenvolvimento depende de inúmeras circunstâncias, entre as quais a natureza do sistema político em que vive a pessoa. Apenas sistemas democráticos proporcionam as condições sob as quais as características mencionadas têm probabilidade de se desenvolver plenamente. Todos os outros regimes reduzem, em geral drasticamente, o campo em que os adultos podem agir para proteger seus próprios interesses, levar em conta os interesses dos outros, assumir a responsabilidade por decisões importantes e empenhar-se livremente com outros na busca pela melhor decisão. Um governo democrático não basta para garantir que essas características se desenvolvam, mas é essencial.

Apenas um governo democrático pode promover um grau relativamente elevado de igualdade política

Uma das razões mais importantes para se preferir um governo democrático é que ele pode obter a igualdade política entre os cidadãos em maior extensão do que qualquer opção viável. Por que deveríamos atribuir valor à igualdade política? Como a resposta está longe de ser óbvia, nos dois próximos capítulos explicarei por que a igualdade política é desejável e por que ela, necessariamente, ocorre se aceitamos diversos pressupostos razoáveis nos quais em geral acreditamos. Mostrarei também que, se aceitamos a igualdade política, devemos acrescentar o quinto critério democrático da Figura 4.

As vantagens da democracia que discuti até aqui se aplicariam a democracias do passado e do presente. Não obstante, como vimos no Capítulo 2, algumas das instituições políticas dos sistemas democráticos que hoje conhecemos são produtos dos últimos séculos; uma delas, o sufrágio universal dos adultos, é principalmente um produto do século XX. Esses sistemas representativos modernos com o pleno sufrágio adulto parecem ter duas outras vantagens que não se poderia afirmar a respeito de todas as democracias e repúblicas anteriores.

As democracias representativas modernas não guerreiam umas com as outras

Esta vantagem extraordinária dos governos democráticos era amplamente imprevisível e inesperada. Mesmo assim, na última década do século XX, as evidências se tornaram avassaladoras. Nenhuma das 34 guerras internacionais entre 1945 e 1989 ocorreu entre países democráticos – e "também houve pouca expectativa ou preparativos para guerras entre estes".[7] Essa observação vale para o período anterior a 1945 – e, ainda no século XIX, países com governos representativos e outras instituições democráticas, em que os direitos civis foram conferidos a boa parte da população masculina, não lutaram entre si.

Naturalmente, governos democráticos modernos guerrearam com países não democráticos, como aconteceu na Primeira e na

---

[7] Esta importante descoberta é fundamentada por Bruce Russett, *Controlling the Sword: The Democratic Governance of National Security*, Cambridge, Harvard University Press, 1990, cap. 5, p. 119-145. Extraí livremente trechos da discussão de Russett no que segue. A observação também parece valer para as antigas democracias e repúblicas. Veja Spencer Weart, *Never at War: Why Democracies Will Never Fight One Another*, New Haven e Londres, Yale University Press, 1998.

Segunda Guerra Mundial – e, pela força militar, também impuseram o domínio colonial aos povos conquistados. Algumas vezes, interferiram na vida política de outros países, enfraquecendo ou ajudando a derrubar governos fracos. Até a década de 1980, por exemplo, os Estados Unidos tiveram um registro abismal de apoio dado a ditaduras militares na América Latina; em 1954, serviu de instrumento no golpe militar que derrubou o recém-eleito governo da Guatemala.

É notável que as democracias representativas modernas não se envolvam em guerras *umas com as outras*. As razões não estão inteiramente claras – provavelmente o grande comércio internacional entre elas predispõe as democracias modernas à amizade em vez da guerra.[8] Também é verdade que os cidadãos e os líderes democráticos aprendem as artes da conciliação. Além disso, estão inclinados a considerar os outros países democráticos menos ameaçadores e mais confiáveis. Por fim, a prática e a história de tratados, alianças e negociações pacíficas para defesa comum contra os inimigos não democráticos reforçam a predisposição de buscar a paz, em vez de lutar.

Assim, um mundo mais democrático promete ser também um mundo mais pacífico.

Países com governos democráticos tendem a ser mais prósperos do que países com governos não democráticos

Até cerca de 200 anos atrás, era comum os filósofos políticos pressuporem que a democracia era mais adequada a um povo parcimonioso: acreditava-se que a afluência fosse a marca das aristocracias, das oligarquias e das monarquias – e não das democracias. Não obstante, a experiência dos séculos XIX e XX demonstrou exatamente o contrário: as democracias eram ricas e, em relação a elas, em seu conjunto, os países não democráticos eram pobres.

---

[8] Altos níveis de comércio internacional parecem predispor os países a relações pacíficas, independentemente de serem ou não democráticos. John Oneal e Bruce Russett, "The Classical Liberals Were Right: Democracy, Interdependence, and Conflict, 1950-1985", *International Studies Quarterly*, 41, 2, junho de 1997, p. 267-294.

A relação entre riqueza e democracia era especialmente impressionante na metade final do século XX. Em parte, a explicação poderá estar na afinidade entre a democracia representativa e uma economia de mercado – em que os mercados em geral não são rigorosamente regulados, os trabalhadores são livres para mudar de um lugar ou um emprego para outro, em que firmas de propriedade particular competem por vendas e por recursos, em que consumidores podem escolher bens e serviços de fornecedores rivais. Embora nem todos os países com economia de mercado fossem democráticos no final do século XX, *todos* os países com sistemas políticos democráticos também tinham economia de mercado.

Nos últimos dois séculos, a economia de mercado produziu, em geral, mais riqueza que qualquer alternativa a ela. O velho conhecimento foi virado de cabeça para baixo: como todos os países democráticos modernos têm economias de mercado e um país com economia de mercado tem probabilidade de prosperar, um país democrático moderno também tem a probabilidade de ser um país rico.

Caracteristicamente, as democracias possuem outras vantagens econômicas sobre a maioria dos sistemas não democráticos. Os países democráticos promovem a educação de seu povo – e uma força de trabalho instruída é inovadora e leva ao desenvolvimento econômico. O governo da lei normalmente se sustenta melhor em países democráticos, os tribunais são mais independentes, os direitos de propriedade são mais seguros, os acordos contratuais são cumpridos com maior eficácia e é menos provável haver intervenção arbitrária do governo e dos políticos. Finalmente, as economias modernas dependem da comunicação; nos países democráticos, as barreiras para as comunicações são muito baixas – é mais fácil procurar e trocar informação e bem menos arriscado do que na maioria dos regimes não democráticos.

Resumindo: apesar de exceções notáveis dos dois lados, os países democráticos modernos em geral proporcionam um ambiente mais hospitaleiro, em que são obtidas as vantagens das economias de mercado e o desenvolvimento econômico, do que os governos de regimes não democráticos.

Se a fusão entre a democracia moderna e as economias de mercado tem vantagens para as duas partes, não podemos deixar passar um custo que as economias de mercado impõem a uma democracia. A economia de mercado gera a desigualdade política, por isso também pode reduzir as perspectivas de atingir a plena igualdade política entre os cidadãos de um país democrático. Voltaremos a este problema no Capítulo 14.

As vantagens da democracia: resumo

Seria um erro grave pedir demais de qualquer governo, mesmo de um governo democrático. A democracia não pode assegurar que seus cidadãos sejam felizes, prósperos, saudáveis, sábios, pacíficos ou justos. Atingir esses fins está além da capacidade de qualquer governo – incluindo-se um governo democrático. Na prática, a democracia jamais correspondeu a seus ideais. Como todas as tentativas anteriores de atingir um governo mais democrático, as democracias modernas também sofrem de muitos defeitos.

Apesar de suas falhas, não devemos perder de vista os benefícios que tornam a democracia mais desejável que qualquer alternativa viável a ela:

- A democracia ajuda a impedir o governo de autocratas cruéis e perversos.
- A democracia garante aos cidadãos uma série de direitos fundamentais que os sistemas não democráticos não proporcionam (nem podem proporcionar).
- A democracia assegura aos cidadãos uma liberdade individual mais ampla que qualquer alternativa viável.
- A democracia ajuda a proteger os interesses fundamentais das pessoas.
- Apenas um governo democrático pode proporcionar uma oportunidade máxima para os indivíduos exercitarem a liberdade de autodeterminação – ou seja: viverem sob leis de sua própria escolha.
- Somente um governo democrático pode proporcionar uma oportunidade máxima do exercício da responsabilidade moral.
- A democracia promove o desenvolvimento humano mais plenamente que qualquer alternativa viável.

- Apenas um governo democrático pode promover um grau relativamente alto de igualdade política.
- As modernas democracias representativas não lutam umas contra as outras.
- Os países com governos democráticos tendem a ser mais prósperos que os países com governos não democráticos.

Com todas essas vantagens, a democracia é para a maioria um jogo bem melhor que qualquer outra alternativa viável.

Capítulo 6

Por que a igualdade política I? Igualdade intrínseca

Muitos concluirão que as vantagens da democracia discutidas no último capítulo podem ser suficientes (talvez mais do que suficientes!) para justificar sua convicção de que o governo democrático é superior a quaisquer alternativas realistas. Mesmo assim, você poderia se perguntar se é razoável pressupor (como parece estar implícito nessa convicção) que os cidadãos devam ser tratados como *iguais* políticos quando participam do governo. Por que os direitos necessários a um processo de governo democrático deveriam ser *igualmente* estendidos aos cidadãos?

A resposta não é nada evidente, embora seja decisiva para a fé na democracia.

A igualdade é óbvia?

Em palavras que se tornariam famosas pelo mundo afora, os autores da Declaração da Independência dos Estados Unidos escreveram, em 1776:

> Consideramos evidentes as verdades de que todos os homens foram criados iguais e que todos são dotados pelo Criador com certos direitos inalienáveis, entre os quais a vida, a liberdade e a busca pela felicidade.

Se a igualdade é óbvia, não é preciso mais nenhuma justificativa. Nenhuma pode ser encontrada na Declaração. No entanto, a ideia de que todos os homens (e mulheres) foram criados iguais não é nada evidente para a maioria das pessoas. Se o pressuposto não é verdadeiramente óbvio, seria razoável adotá-lo? E, se não podemos adotá-lo, como defendemos um processo de governo que parece presumir que ele existe?

Os críticos muitas vezes rejeitaram afirmações sobre a igualdade, como a da Declaração de Independência, considerando-as simples retórica vazia. Uma afirmação desse tipo, que supostamente expressa um fato sobre os seres humanos, é obviamente falsa, dizem eles.

À acusação de falsidade, os críticos juntam a de hipocrisia. Como exemplo, mostram que os autores da Declaração deixavam de lado o inconveniente fato de que uma preponderante maioria de pessoas estava excluída dos direitos inalienáveis (aparentemente, concedidos pelo próprio Criador) nos novos Estados que agora se declaravam independentes. Desde então e por muito tempo, mulheres, escravos, negros libertos e povos nativos estavam privados não apenas dos direitos políticos, mas de inúmeros outros "direitos inalienáveis" essenciais à vida, à liberdade e à busca da felicidade. A propriedade também era um direito inalienável – e os escravos eram propriedade de seus senhores... O próprio Thomas Jefferson, principal autor da Declaração de Independência, possuía escravos. Em importantes aspectos, as mulheres eram propriedade de seus maridos. A um grande número de homens livres (em algumas estimativas, cerca de 40%) era negado o direito de voto; por todo o século XIX, o direito de voto restringia-se aos proprietários em todos os novos estados norte-americanos.

A desigualdade não era uma característica especial dos Estados Unidos nesse período, nem posteriormente. Ao contrário: na década de 1830, o escritor francês Alexis de Tocqueville chegou à conclusão de que, em relação à Europa, uma das características distintivas dos Estados Unidos era o grau de igualdade social entre os cidadãos do país.

Embora as desigualdades se tenham reduzido desde 1776, muitas permanecem. Basta olharmos em volta para ver desigualdades por toda parte. Aparentemente, a desigualdade – não a igualdade – é uma condição natural da humanidade.

Thomas Jefferson conhecia bastante as questões humanas e percebia que, obviamente, em muitos aspectos importantes, as capacidades, as vantagens e as oportunidades dos seres humanos não eram distribuídas com igualdade no nascimento e menos ainda depois que a educação, as circunstâncias e a sorte se somavam às diferenças iniciais. Os 55 homens que assinaram a Declaração de Independência, indivíduos de experiência prática, advogados, comerciantes, agricultores, não eram nada ingênuos em sua percepção dos seres humanos. Se admitimos que não ignoravam a realidade e que não fossem hipócritas, o que pretenderiam eles dizer com a audaciosa afirmação de que *todos os homens foram criados iguais*?

Apesar das inúmeras evidências em contrário, a ideia de que os seres humanos sejam fundamentalmente iguais fazia tanto sentido para Jefferson como fizera, em períodos anteriores, para os filósofos ingleses Thomas Hobbes e John Locke.[1] Da época de Jefferson em diante, muitas outras pessoas pelo mundo afora passaram a aceitar, de alguma forma, a ideia da igualdade humana. Para muitas, é simplesmente um fato. Para Alexis de Tocqueville, em 1835, a "igualdade de condições" cada vez maior que ele havia observado na Europa e na América era impressionante, a ponto de considerá-la "um fato providencial, dotado de todas as características de um decreto divino: é universal, é permanente, escapa sempre a qualquer interferência humana; todos os acontecimentos e todos os homens contribuem para seu progresso".[2]

Igualdade intrínseca: um julgamento moral

As igualdades e as desigualdades podem assumir uma variedade quase infinita de formas. A desigualdade na capacidade de

---

[1] Para saber mais sobre essa questão, veja Garry Mills, *Inventing America: Jefferson's Declaration of Independence*, Garden City, Nova York, Doubleday, 1978, p. 167-228.

[2] Alexis de Tocqueville, *Democracy in America*, v. 1, Nova York, Schocken Books, 1961, p. lxxi.

vencer uma corrida ou uma competição ortográfica é uma coisa. A desigualdade nas oportunidades de votar, de falar e de participar no governo *são outros quinhentos...*

Para compreender por que é razoável nos empenharmos na igualdade política entre os cidadãos de um Estado democrático, precisamos reconhecer que às vezes, quando falamos sobre igualdade, não expressamos um julgamento concreto. Não tencionamos descrever o que acreditamos ser real no presente ou no futuro, como acontece quando fazemos declarações sobre os vencedores de corridas ou os vencedores de competições. Nesse caso, estaremos expressando um julgamento moral sobre seres humanos, tencionamos dizer algo sobre o que acreditamos que *deveria* ser. Esse tipo de julgamento moral poderia ser dito assim: "Devemos considerar o bem de cada ser humano *intrinsecamente* igual ao de qualquer um". Empregando as palavras da Declaração de Independência, como julgamento *moral* insistimos que a vida, a liberdade e a felicidade de uma pessoa não são intrinsecamente superiores ou inferiores às de qualquer outra. Consequentemente, devemos tratar todas as pessoas como se possuíssem igual direito à vida, à liberdade, à felicidade e a outros bens e interesses fundamentais. Chamarei esse julgamento moral de princípio da *igualdade intrínseca*.

Esse princípio não nos leva muito longe e, para aplicá-lo ao governo de um Estado, ajuda a acrescentar um princípio suplementar que parece estar implícito nele: "Ao chegar a decisões, o governo deve dar igual peso ao bem e aos interesses de todas as pessoas ligadas por tais decisões". Por que deveríamos aplicar o princípio da igualdade intrínseca ao governo de um Estado e obrigá-lo a dar igual peso aos interesses de todos? Ao contrário dos autores da Declaração de Independência norte-americana, a afirmação de que a verdade da igualdade intrínseca é óbvia me impressiona (e a muita gente, sem dúvida) por me parecer bastante implausível... No entanto, a igualdade intrínseca abrange uma ideia tão fundamental sobre os méritos dos seres humanos, que está bem perto dos limites de maior justificação racional. Acontece com os julgamentos morais o mesmo que ocorre aos julgamentos concretos: buscando-se as raízes de qualquer afirmação, chegamos a limites, além dos quais nenhum argumento racional pode nos levar mais adiante. Martinho Lutero disse essas

memoráveis palavras em 1521: "Não é seguro nem prudente fazer qualquer coisa contra a consciência. Aqui me detenho – não posso fazer diferente. Deus me ajude. Amém".
Embora o princípio da igualdade intrínseca esteja muito perto desses limites finais, ainda não os alcançamos. Por diversas razões, acredito que a igualdade intrínseca seja um princípio razoável que deve fundamentar o governo de um Estado.

Por que devemos adotar esse princípio

Bases éticas e religiosas

Em primeiro lugar, para muita gente pelo mundo afora, ele está de acordo com suas convicções e seus princípios éticos essenciais. Que somos todos igualmente filhos de Deus é dogma do judaísmo, da cristandade e do islamismo; o budismo contém uma visão muito assemelhada. (Entre as grandes religiões do mundo, o hinduísmo talvez seja uma exceção.) Explícita ou implicitamente, a maioria dos argumentos morais e a maioria dos sistemas éticos pressupõem esse princípio.

A fragilidade de um princípio alternativo

Em segundo lugar, seja qual for o caso em relação a outras formas de associação, para governar um Estado muitos pensarão que, de modo geral, todas as alternativas para a igualdade intrínseca são implausíveis e duvidosas. Imagine que o cidadão Jones propusesse a seguinte alternativa como princípio para governar um Estado: "Ao tomar decisões, o governo deverá sempre tratar o meu bem e os meus interesses como superiores aos de todos os outros". Rejeitando implicitamente o princípio da igualdade intrínseca, Jones está afirmando o princípio da superioridade intrínseca – ou, no mínimo, afirmando a superioridade intrínseca de Jones... A reivindicação à superioridade intrínseca pode ser mais inclusiva, é claro, como geralmente acontece: "O bem e os interesses de meu grupo [a família, a classe, a casta, a raça ou seja lá o que mais de Jones] são superiores aos de todos os outros".

A essa altura, não será nenhum choque admitirmos que nós, seres humanos, temos um pouco mais do que simples vestígios de egoísmo: em graus variados, tendemos a nos preocupar mais com nossos próprios interesses do que com os dos outros. Consequentemente, muitos de nós poderiam sentir-se muitíssimo tentados a fazer esse tipo de reivindicação para si e para os mais próximos. Em todo caso, a menos que possamos contar confiantemente no controle do governo do Estado, por que deveríamos aceitar a superioridade intrínseca de determinadas pessoas como princípio político fundamental?

Para falar a verdade, uma pessoa ou um grupo com poder suficiente poderia fazer valer uma reivindicação de superioridade intrínseca sobre as objeções que você tivesse – literalmente, sobre o seu cadáver. Durante toda a história da humanidade, muitos indivíduos e grupos assim usaram seu poder (ou melhor, *abusaram* de dito poder). No entanto, a força pura e simples tem seus limites; os que reivindicaram ser a encarnação de alguma superioridade intrínseca sobre outros invariavelmente disfarçaram essa reivindicação, aliás frágil e transparente, com o mito, o mistério, a religião, a tradição, a ideologia, as pompas e as circunstâncias.

Não sendo membro do grupo privilegiado e podendo rejeitar com segurança a reivindicação de superioridade intrínseca, você consentiria livre e conscientemente num princípio absurdo como esse? Duvido muito...

Prudência

As duas razões precedentes para se adotar um princípio de igualdade intrínseca como base para o governo de um Estado apontam uma terceira: a prudência. Além de conferir grandes benefícios, o governo de um Estado também pode infligir grandes males; assim, a prudência dita uma cautelosa preocupação pela maneira como serão empregadas suas capacidades incomuns. Um processo de governo que privilegiasse de modo definitivo e permanente o seu próprio bem e seus interesses sobre os de outros seria atraente – se proporcionasse a certeza de que você ou o seu grupo prevaleceriam sempre... Para muita gente essa possibilidade é tão improvável ou, no mínimo, tão incerta, que é melhor insistir em que os seus interesses recebam peso igual aos interesses de outros...

Aceitabilidade

Um princípio que você considere prudente adotar muitos outros também considerarão. Assim, um processo que assegure igual peso para todos (concluirá você razoavelmente) tem maior probabilidade de assegurar o consenso de todos os outros cuja cooperação é necessária para atingir os seus objetivos. Visto nessa perspectiva, o princípio da igualdade intrínseca faz muito sentido.

Sim, apesar da reivindicação em contrário na Declaração de Independência, está realmente longe do óbvio a razão pela qual devemos nos apegar ao princípio da igualdade intrínseca e dar igual peso aos interesses de todos no governo do Estado.

Não obstante, se interpretarmos a igualdade intrínseca como princípio de governo justificado com base na moralidade, na prudência e na aceitabilidade, parece-me fazer mais sentido do que qualquer alternativa...

Capítulo 7

Por que igualdade política II?
Competência cívica

Poderá parecer uma surpresa desagradável descobrir que, mesmo quando aceitamos a igualdade intrínseca e o peso igual nos interesses como julgamentos morais corretos, não estamos necessariamente inclinados a considerar a democracia o melhor processo para o governo de um Estado.

A tutela: uma alegação em contrário

Para ver por que é assim, imaginemos que um membro de um pequeno grupo de concidadãos diz para você e os outros:
– Como vocês, nós também acreditamos bastante na igualdade intrínseca. Não somos apenas profundamente dedicados ao bem comum, também sabemos melhor do que a maioria como chegar a ele. Portanto, estamos muito mais preparados para governar do que a maioria das pessoas. Assim, se vocês nos concederem exclusiva autoridade no governo, empenharemos nossos conhecimentos e nosso trabalho ao serviço do bem geral; com isso, daremos igual peso ao bem e aos interesses de todos.

A afirmação de que o governo deve ser entregue a especialistas profundamente empenhados em governar para o bem geral e superiores a todos em seus conhecimentos dos meios para obtê-lo – os *tutores*, como Platão os chamava – sempre foi o mais importante rival das ideias democráticas. Os defensores da tutela atacam a democracia num ponto aparentemente vulnerável: eles simplesmente negam que as pessoas comuns tenham competência para se governar. Eles não negam, necessariamente, que os seres humanos sejam intrinsecamente iguais no sentido que já exploramos. Como na República ideal de Platão, os tutores poderiam empenhar-se em servir ao bem de todos e, pelo menos por implicação, sustentar que todos sob sua proteção sejam intrinsecamente iguais em seu bem ou seus interesses. Os defensores da tutela no sentido platônico não afirmam que os interesses das pessoas escolhidas como tutores sejam intrinsecamente superiores aos interesses dos outros. Eles alegam que os especialistas em governar, os tutores, seriam superiores em seu *conhecimento* do bem geral e dos melhores meios de atingi-lo.

O argumento a favor da tutela política utiliza de modo persuasivo as analogias, especialmente analogias que envolvem a competência e o conhecimento especializado: o conhecimento superior de um médico nas questões da doença e da saúde, por exemplo, ou a competência superior de um piloto para nos levar com segurança ao destino. Assim, por que não permitir aos dotados de competência superior no governo que tomem decisões sobre a saúde do Estado? Que pilotem o governo em direção a seu devido destino, o bem público? Certamente não podemos pressupor que todas as pessoas sejam invariavelmente os melhores juízes de seus próprios interesses. Evidentemente, as crianças não o são – outros, em geral seus pais, devem servir de tutores até que elas adquiram a competência para tomar conta de si mesmas. A experiência comum nos mostra que adultos também podem equivocar-se a respeito de seus interesses, da melhor maneira de atingir seus objetivos: a maioria das pessoas algum dia se arrepende de decisões tomadas no passado. Admitimos ter estado equivocados. Além do mais, quase todos nós confiamos em especialistas para tomar decisões importantes muito diretamente relacionadas a nosso bem-estar, a nossa felicidade, a nosso futuro e até a nossa sobrevivência – não apenas médicos, cirurgiões e pilotos, mas, em nossa sociedade cada vez mais complexa, uma porção de outros especialistas. Assim, se deixamos especialistas tomarem decisões a respeito de questões importantes como essas, por que não entregamos o governo a especialistas?

Por atraente que às vezes possa parecer, a defesa da tutela, mais do que a da democracia, deixa de levar em conta alguns dos principais defeitos nessa analogia.

Delegar determinadas decisões secundárias a especialistas não é o mesmo que ceder o controle decisivo nas grandes questões

Como se diz popularmente, os especialistas devem ser mantidos prontos para consumo. Os especialistas, às vezes, possuem conhecimentos superiores aos seus em alguns aspectos importantes. Um bom médico saberá melhor do que você diagnosticar a sua doença – que rumo ela provavelmente tomará, sua gravidade, qual será o melhor tratamento ou se é de fato possível tratá-la. É razoável que você resolva seguir as recomendações do seu médico. Contudo, isso não significa que deva ceder a esse médico o poder de decidir se você fará ou não o tratamento recomendado. Da mesma forma, uma coisa é os funcionários do governo procurarem a ajuda de especialistas, mas outra muito diferente é uma elite política deter em suas mãos o poder de tomar decisões sobre leis e políticas a que você terá de obedecer.

Decisões pessoais tomadas por indivíduos não equivalem a decisões tomadas e impostas pelo governo de um Estado

A questão fundamental no debate sobre tutela *versus* democracia não é saber se, como indivíduos, às vezes temos de depositar nossa confiança em especialistas. Não se trata de saber quem ou que grupo deveria ter a última palavra nas decisões tomadas pelo governo de um Estado. Seria razoável desejar entregar certas decisões pessoais nas mãos de alguém mais especializado em determinadas questões do que você, como um médico, um contador, um advogado, um piloto de avião e outros. Em todo caso, isso não significa que automaticamente seja razoável entregar a uma elite política a autoridade para controlar as decisões mais importantes do governo do Estado – decisões essas que, se preciso, seriam impostas por coerção, pela prisão, talvez até a morte.

Governar um Estado exige muito mais do que um conhecimento rigorosamente científico

Governar não é uma ciência como a Física, a Química ou, como em certos aspectos, a Medicina. Essa é uma verdade por diversas razões. Por um lado, virtualmente todas as decisões importantes sobre políticas, sejam pessoais ou governamentais, exigem julgamentos éticos. Tomar uma decisão sobre os objetivos que as políticas do governo deveriam atingir (justiça, equanimidade, probidade, felicidade, saúde, sobrevivência, segurança, bem-estar, igualdade e sei lá mais o que) é fazer um julgamento ético. Julgamentos éticos não são "científicos" no sentido habitual.[1]

Além disso, bons objetivos muitas vezes entram em conflito uns com os outros, e os recursos são limitados. Decisões sobre políticas, sejam pessoais ou governamentais, quase sempre exigem julgamentos sobre negociações, um equilíbrio entre diferentes objetivos. Por exemplo, obter igualdade econômica poderá enfraquecer os incentivos econômicos; os custos dos benefícios para os idosos poderão ser impostos aos jovens; as despesas para as gerações que hoje vivem poderão impor custos às gerações futuras; a preservação de uma área selvagem poderá custar o preço dos empregos de mineiros e do pessoal que trabalha nas serrarias. Julgamentos sobre negociações entre objetivos diferentes não são científicos. As comprovações empíricas são importantes e necessárias, jamais suficientes. Ao decidir o quanto se deve sacrificar para a obtenção de um fim, um bem ou um objetivo de modo a atingir certa medida de outro, necessariamente ultrapassamos qualquer coisa que o conhecimento rigorosamente científico possa proporcionar.

Há uma outra razão por que as decisões sobre políticas exigem julgamentos que não sejam rigorosamente "científicos". Mesmo quando se consiga chegar a um consenso geral a respeito dos fins

---

[1] O *status* filosófico das afirmações éticas e a maneira como diferem de afirmações nas ciências empíricas, como a Física, a Química e assim por diante, têm sido tema de amplo debate. Eu não poderia esperar fazer justiça a essas questões aqui. Entretanto, para uma excelente discussão da importância do argumento moral em decisões públicas, veja Amy Gutman e Dennis Thompson, *Democracy and Disagreement*, Cambridge, Belknap Press of Harvard University Press, 1996.

das decisões políticas, quase sempre há uma grande incerteza e algum conflito em relação aos meios: como os fins seriam atingidos de melhor maneira, o quanto seria desejável, viável, aceitável as prováveis consequências dos meios alternativos. Quais seriam os melhores meios de cuidar dos pobres, dos desempregados, dos sem-teto? Como se poderá proteger melhor e implementar os interesses das crianças? De que tamanho é um orçamento necessário para a defesa militar e para que objetivos? Creio que seja impossível demonstrar que exista ou que poderia ser criado um grupo com os conhecimentos "científicos" ou "especializados" que proporcionem respostas definitivas para questões desse tipo. Entregaríamos o conserto de nosso carro a um físico teórico ou a um bom mecânico?

Governar bem um Estado exige mais do que o conhecimento

Exige também a honestidade sem corrupção, a resistência firme a todas as enormes tentações do poder, além de uma dedicação constante e inflexível ao bem público, mais do que aos benefícios de uma pessoa ou seu grupo.

Os especialistas podem estar capacitados para agir como representantes seus, o que não significa que estejam capacitados para servir de governantes para você. Os defensores da tutela têm duas reivindicações, não apenas uma, e afirmam: pode-se criar uma elite governante cujos membros sejam ao mesmo tempo realmente superiores aos outros no conhecimento dos fins que um bom governo deveria buscar e nos melhores meios para atingir esses fins – e *tão* profundamente dedicada à busca do bem público, que essa elite mereceria a autoridade soberana para governar o Estado.

Como acabamos de verificar, a primeira reivindicação é muito duvidosa. No entanto, ainda que se mostrasse justificável, isso em si não suportaria a segunda reivindicação. O conhecimento é uma coisa, o poder é outra. O provável efeito do poder sobre as pessoas que o detêm foi resumido sucintamente, em 1887, por lorde Acton, um barão inglês, numa famosa sentença: "O poder tende a corromper, o poder absoluto corrompe absolutamente". Um século antes, William Pit, estadista britânico de vasta experiência na vida política, fizera semelhante observação num discurso ao Parlamento: "O poder ilimitado está apto a corromper as mentes de quem o possui".

Esse era também o ponto de vista vigente entre os membros da Convenção Constituinte norte-americana em 1787, que também possuíam alguma experiência na questão:

– *Sir*, existem duas paixões que têm poderosa influência nos negócios dos homens: a ambição e a avareza, o amor pelo poder e o amor pelo dinheiro, disse o representante mais velho, Benjamin Franklin.

Um dos mais jovens, Alexander Hamilton, concordava:
– Os homens adoram o poder.

George Mason, um dos representantes mais experientes e de maior influência, também concordava com eles:
– Da natureza humana, podemos ter a certeza de que os que detêm o poder em suas mãos ... sempre que puderem, tratarão de aumentá-lo.[2]

Por mais instruídos e confiáveis que sejam inicialmente os membros de uma elite governante dotada do poder de governar um Estado, em poucos anos ou em poucas gerações, é muito provável que abusem dele. Se podemos dizer que a história da humanidade nos proporciona algumas lições, certamente uma destas é o fato de que, pela corrupção, pelo nepotismo, pela promoção dos interesses do indivíduo e seu grupo, pelo abuso de seu monopólio da força coercitiva do Estado para reprimir a crítica, extrair riqueza dos súditos ou governados e garantir sua obediência pela força, é muito provável que os tutores de um Estado se transformem em déspotas.

Por fim, criar uma utopia é uma coisa, realizá-la são outros quinhentos...

Um defensor dos tutores enfrenta uma legião de tremendos problemas práticos: como será a investidura da tutela? Quem, por assim dizer, planejará a constituição e quem a colocará em ação?

---

[2] Para essas observações na Convenção Constitucional, veja Max Farrand (ed.), *The Records of the Federal Convention of 1787*, 4 v., New Haven, Yale University Press, 1966, v. 1, p. 82, 284, 578.

Como serão escolhidos os primeiros tutores? Se a tutela de alguma forma dependerá do consentimento dos governados e não da coerção direta, como será obtido esse consentimento? Seja lá como forem os tutores selecionados pela primeira vez, depois eles escolherão seus sucessores, como os membros de um clube? Se assim for, o sistema não correrá um enorme risco de se degenerar, deixando de ser uma aristocracia de talento e tornando-se uma oligarquia de nascimento? E se os tutores não escolherem seus sucessores, quem o fará? Como serão dispensados os tutores que abusam e exploram...? – e assim por diante.

A competência dos cidadãos para governar

A menos que os defensores da tutela sejam capazes de proporcionar soluções convincentes para os problemas que descrevi anteriormente, a meu ver a prudência e a razão exigem que rejeitemos essa ideia – e, com isso, podemos concluir que, *entre os adultos, não há ninguém tão inequivocamente mais bem preparado do que outros para governar, a quem se possa confiar a autoridade completa e decisiva no governo do Estado.*

Se não devemos ser governados por tutores, quem deveria nos governar? Nós mesmos.

Tendemos a acreditar que, na maioria das questões, todos os adultos devem ter a permissão para julgar o que é melhor para seu próprio bem ou para seus interesses – a menos que haja um bom argumento em contrário. Aplicamos esse pressuposto a favor da autonomia individual apenas aos adultos, não às crianças. A partir da experiência, presumimos que os pais devem agir como tutores para proteger os interesses de seus filhos. Se os pais falham, outros, o governo talvez, poderão ter de intervir.

Às vezes também rejeitamos esse pressuposto para adultos considerados incapazes de cuidar de si mesmos. Como as crianças, eles também podem precisar de tutores. Não obstante, ao contrário das crianças, para quem o pressuposto é determinado por lei e por convenção, com os adultos esse pressuposto não pode ser superficialmente desprezado. O potencial para o abuso é muito evidente

– e, assim, é preciso uma opinião independente, alguma espécie de processo judicial.

Quando presumimos que, com poucas exceções, os adultos devem ter o direito de tomar decisões pessoais sobre o que é melhor para seus interesses, por que devemos rejeitar essa ideia no governo do Estado? Aqui, o essencial já não é mais saber se os adultos em geral têm competência para tomar as decisões que enfrentam no dia a dia. Agora, trata-se de saber se a maioria dos adultos é competente para governar o Estado. Será?

Para chegarmos à resposta, pondere mais uma vez algumas conclusões a que chegamos nos últimos capítulos:

A democracia confere inúmeras vantagens a seus cidadãos. Os cidadãos estão fortemente protegidos contra governantes despóticos, possuem direitos fundamentais e, além do mais, também gozam de uma esfera mais ampla de liberdade. Como cidadãos, adquirem os meios de proteger e implementar seus interesses pessoais mais importantes; podem ainda participar das decisões sobre as leis sob as quais viverão, são dotados de uma vasta autonomia moral e possuem extraordinárias oportunidades para o desenvolvimento pessoal.

Se concluímos que a democracia proporciona essas vantagens sobre os sistemas não democráticos de governo, surgem diversas questões fundamentais: por que as vantagens da democracia estariam restritas a algumas pessoas e não a outras? Por que não estariam elas à disposição de todos os adultos?

Se o governo deve dar igual peso ao bem de cada pessoa, não teriam todos os adultos o direito de participar na decisão de que leis e políticas melhor atingiriam os fins buscados, estejam esses fins estreitamente restritos a seu próprio bem ou incluindo o bem de todos? Se ninguém estiver realmente preparado para governar e receber autoridade completa sobre o governo de um Estado, quem estará mais bem preparado para participar que todos os adultos sujeitos às leis?

Das conclusões implícitas nessas perguntas, segue-se uma outra, que assim expresso: *com a exceção de uma fortíssima demonstração em contrário, em raras circunstâncias, protegidas por legislação, todos os adultos sujeitos às leis do Estado devem ser considerados suficientemente bem preparados para participar do processo democrático de governo do Estado.*

Uma quinta norma democrática: a inclusão

A conclusão a que agora aponta o argumento deste capítulo é que há enormes chances de que os interesses das pessoas privadas de voz igual no governo de um Estado não recebam a mesma atenção que os interesses dos que têm uma voz. Se não tem essa voz, quem falará por você? Quem defenderá os seus interesses, se você não pode? E não se trata apenas dos seus interesses como indivíduo: se por acaso você faz parte de todo um grupo excluído da participação, como serão protegidos os interesses fundamentais desse grupo?

A resposta é clara: os interesses fundamentais dos adultos, a quem são negadas as oportunidades de participar do governo, *não* serão devidamente protegidos e promovidos pelos que governam. Sobre esse aspecto, a comprovação da história é avassaladora. Como vimos em nosso rápido exame da evolução da democracia, insatisfeitos com a maneira arbitrária com que os monarcas impunham taxas sem o seu consentimento, nobres e burgueses na Inglaterra exigiram e conquistaram o direito de participar. Séculos mais tarde, por sua vez, acreditando que seus interesses fundamentais eram deixados de lado, as classes médias exigiram e conquistaram esse direito. Lá e por toda parte, a continuação da exclusão legal ou *de facto* de mulheres, escravos, pobres e trabalhadores manuais, entre outros, deixava os membros desses grupos mal protegidos contra a exploração e o abuso mesmo em países como a Grã-Bretanha e os Estados Unidos, onde o governo era bastante democrático.

Em 1861, John Stuart Mill afirmava que ninguém no governo falava pelos interesses das classes trabalhadoras, pois o sufrágio lhes era negado. Embora não acreditasse que os membros do governo pretendessem deliberadamente sacrificar os interesses das classes trabalhadoras aos seus, dizia ele:

Será que o Parlamento ou qualquer um de seus membros por algum momento terá examinado alguma questão com os olhos de um trabalhador? Quando surge um assunto em que os trabalhadores têm um interesse, será ele examinado com olhos outros que não os dos empregadores do trabalho?[3]

A mesma pergunta serviria para os escravos em repúblicas antigas e modernas, para as mulheres por toda a história até o século XX, para muitas pessoas nominalmente livres mas efetivamente privadas dos direitos democráticos, como os negros no sul dos Estados Unidos até os anos 1960 e na África do Sul até os anos 1990 – e outros mais, por todos os cantos.

Sim, indivíduos e grupos, às vezes, podem se equivocar sobre seu próprio bem. É claro, podem, às vezes, sentir equivocadamente o que é melhor para seus interesses – mas o preponderante peso da experiência humana nos informa que nenhum grupo de adultos pode entregar com segurança a outros o poder de governá-lo. Isso nos leva a uma conclusão de importância decisiva.

Você talvez se lembre de que, ao discutir os critérios para a democracia no Capítulo 4, deixei para depois a discussão sobre o quinto, a inclusão dos adultos (veja a Figura 4, na pág. 50). Neste capítulo e no último, creio que teremos muito boas razões para concluir que o governo democrático de um Estado deve corresponder a essa norma. Expressarei assim: *Plena inclusão. O corpo dos cidadãos num Estado democraticamente governado deve incluir todas as pessoas sujeitas às leis desse Estado, com exceção dos que estão de passagem e dos incapazes de cuidar de si mesmos.*

Problemas não resolvidos

Rejeitar o argumento da tutela e adotar a igualdade política como ideal ainda deixa algumas questões complicadas.

---

[3] John Stuart Mill, *Considerations on Representative Government* [1861], Nova York, Liberal Arts Press, 1958, p. 44.

Cidadãos e funcionários do governo não precisam da ajuda de especialistas? É claro que precisam! É inegável a importância dos especialistas e do conhecimento especializado para o bom funcionamento dos governos democráticos. A política pública muitas vezes é tão complexa (e cada vez mais!), que nenhum governo poderia tomar decisões satisfatórias sem a ajuda de especialistas de excelente formação. Assim como cada um em suas decisões pessoais às vezes depende de especialistas para obter orientação e terá de entregar-lhes decisões importantes, os governos também devem fazer o mesmo – até mesmo os governos democráticos. A melhor maneira de satisfazer os critérios democráticos, de sustentar um grau satisfatório de igualdade política e continuar confiando em especialistas e no conhecimento especializado na tomada das decisões públicas apresenta um grave problema – um problema que seria bobagem que os defensores do governo democrático ignorassem.

Se devem ser competentes, os cidadãos não precisariam de instituições políticas e sociais para ajudá-los? É indiscutível. As oportunidades de adquirir uma compreensão esclarecida das questões públicas não são apenas parte da definição de democracia. São a *exigência* para se ter uma democracia.

Nada do que eu disse até aqui pretende deixar implícito que a maioria dos cidadãos não comete erros. Eles podem errar e realmente erram. É justamente por isso que os defensores da democracia sempre dão um lugar privilegiado à educação – e a educação cívica não exige apenas a escola formal, mas também a discussão pública, a deliberação, o debate, a controvérsia, a pronta disponibilidade de informação confiável e outras instituições de uma sociedade livre.

Imagine que as instituições para o desenvolvimento de cidadãos competentes sejam fracas e que muitos não saibam o bastante para proteger seus valores e interesses fundamentais? O que devemos fazer? Na busca por uma resposta, vale a pena examinar mais uma vez as conclusões a que chegamos até aqui...

Adotamos o princípio da igualdade intrínseca – devemos considerar o bem de cada ser humano intrinsecamente igual ao de qualquer outro ser humano. Aplicamos esse princípio ao governo de um Estado: no momento de chegar às decisões, o governo deve dar igual peso ao bem e aos interesses de todas as pessoas ligadas por essas decisões. Recusamos considerar a tutela uma boa maneira de aplicar o princípio: entre os adultos, nenhum indivíduo é tão mais bem preparado do que outro para governar a ponto de poder receber em mãos autoridade total e decisiva no governo do Estado.

Em vez disso, aceitamos a plena inclusão: o corpo dos cidadãos num Estado democraticamente governado deve incluir *todas* as pessoas sujeitas às leis desse Estado, com exceção das que estiverem de passagem e as comprovadamente incapazes de cuidar de si mesmas.

Portanto, se as instituições destinadas à educação pública são fracas, resta apenas uma solução satisfatória: elas devem ser reforçadas. Todos os que acreditam em metas democráticas são obrigados a buscar maneiras pelas quais os cidadãos possam adquirir a competência de que precisam.

Talvez as instituições para educação cívica criadas nos países democráticos durante os séculos XIX e XX já não sejam adequadas. Se assim for, os países democráticos terão de criar novas instituições para complementar as antigas.

Comentários conclusivos e apresentação

Já exploramos cerca da metade do território exposto na Figura 3 (página 40). Contudo, mal demos uma espiadela na outra metade: as instituições básicas necessárias para levar adiante a meta da democracia e as condições sociais, econômicas e outras que favoreçam o desenvolvimento e a manutenção dessas instituições políticas democráticas. É o que exploraremos nos próximos capítulos.

Passemos agora das metas para as realidades.

Parte III

A verdadeira democracia

Capítulo 8

Que instituições políticas requer a democracia em grande escala?

O que significa dizer que um país é *democraticamente governado*? Neste capítulo, nos concentraremos nas instituições políticas da *democracia em grande escala* – ou seja, as instituições políticas necessárias para um país democrático. Não estamos aqui preocupados com o que poderia exigir a democracia num grupo muito pequeno, como uma comissão. Precisamos também ter sempre em mente a nossa advertência comum: todas as verdadeiras democracias jamais corresponderam aos critérios democráticos descritos na Parte II e apresentados na Figura 4 (pág. 50). Por fim, devemos ter consciência, neste capítulo e em qualquer outro lugar, de que na linguagem comum usamos a palavra *democracia* tanto para nos referirmos a um objetivo ou ideal como a uma realidade que é apenas uma consecução parcial desse objetivo. Portanto, contarei com o leitor para fazer as necessárias distinções quando utilizo as palavras *democracia, democraticamente, governo democrático, país democrático* e assim por diante.

O que é necessário para que um *país* seja democraticamente governado? No mínimo, ele terá de ter determinados arranjos, práticas ou instituições políticas que estariam muito distantes (senão *infinitamente* distantes) de corresponder aos critérios democráticos ideais.

Palavras sobre palavras

Arranjos políticos podem ser considerados algo muito provisório, que seriam razoáveis em um país que acaba de sair de um governo não democrático. Costumamos pensar que *práticas* são mais habituais e, assim, mais duráveis. Em geral, pensamos que as *instituições* estão estabelecidas há muito tempo, passadas de geração a geração. Quando um país passa de um governo não democrático para um governo democrático, os *arranjos* democráticos iniciais aos poucos se tornam *práticas* e, em seu devido tempo, tornam-se *instituições*. Por úteis que pareçam essas distinções, para nossos objetivos será mais conveniente preferirmos *instituições*, deixando as outras de lado.

Como podemos saber?

Como poderemos determinar razoavelmente quais são as instituições políticas necessárias para a democracia em grande escala? Poderíamos examinar a história dos países que, pelo menos em parte, mudaram suas instituições políticas em resposta às exigências de inclusão popular mais amplas e participação efetiva no governo e na vida política. Embora em épocas anteriores os que procuraram obter a inclusão e a participação não estivessem necessariamente inspirados por ideias democráticas, do século XVIII em diante, tendiam a justificar suas exigências recorrendo a ideias democráticas e republicanas. Que instituições políticas buscavam esses países e quais eram realmente adotadas neles?

Poderíamos também examinar os países cujos governos são considerados democráticos pela maioria de seus habitantes, por muitas pessoas em outros países, por estudiosos, por jornalistas, etc. Em outras palavras, no discurso comum e nas discussões acadêmicas, o país é chamado democracia.

Em terceiro lugar, poderíamos refletir sobre um determinado país ou grupo de países, talvez um país hipotético, para imaginarmos da maneira mais realista possível que instituições seriam necessárias para atingir os objetivos democráticos num grau razoável.

Poderíamos fazer uma experiência mental, refletindo atentamente sobre as possibilidades, as tendências, as limitações e as experiências humanas, para criar um conjunto das instituições políticas necessárias a uma democracia em grande escala viável que, dentro das limitações das humanas, possamos atingir.

Figura 6. Que instituições políticas exige a democracia em grande escala?

Uma democracia em grande escala exige:

1. Funcionários eleitos
2. Eleições livres, justas e frequentes
3. Liberdade de expressão
4. Fontes de informação diversificadas
5. Autonomia para as associações
6. Cidadania inclusiva

Felizmente, todos os três métodos convergem para um mesmo conjunto de instituições políticas democráticas: estas, as exigências mínimas para um país democrático (Fig. 6).

As instituições políticas da moderna democracia representativa

Resumindo, as instituições políticas do moderno governo democrático são:

- *Funcionários eleitos.* O controle das decisões do governo sobre a política é investido constitucionalmente a funcionários eleitos pelos cidadãos.
- *Eleições livres, justas e frequentes.* Funcionários eleitos são escolhidos em eleições frequentes e justas em que a coerção é relativamente incomum.
- *Liberdade de expressão.* Os cidadãos têm o direito de se expressar sem o risco de sérias punições em questões políticas amplamente

definidas, incluindo a crítica aos funcionários, o governo, o regime, a ordem socioeconômica e a ideologia prevalecente.
- *Fontes de informação diversificadas.* Os cidadãos têm o direito de buscar fontes de informação diversificadas e independentes de outros cidadãos, especialistas, jornais, revistas, livros, telecomunicações e afins.
- *Autonomia para as associações.* Para obter seus vários direitos, até mesmo os necessários para o funcionamento eficaz das instituições políticas democráticas, os cidadãos também têm o direito de formar associações ou organizações relativamente independentes, como também partidos políticos e grupos de interesses.
- *Cidadania inclusiva.* A nenhum adulto com residência permanente no país e sujeito a suas leis podem ser negados os direitos disponíveis para os outros e necessários às cinco instituições políticas anteriormente listadas. Entre esses direitos, estão o direito de votar para a escolha dos funcionários em eleições livres e justas; de se candidatar para os postos eletivos; de livre expressão; de formar e participar organizações políticas independentes; de ter acesso a fontes de informação independentes; e de ter direitos a outras liberdades e oportunidades que sejam necessárias para o bom funcionamento das instituições políticas da democracia em grande escala.

As instituições políticas em perspectiva

Normalmente, essas instituições não chegam de uma só vez num país. Vimos na breve história da democracia, apresentada no Capítulo 2, que as últimas duas claramente chegaram há pouco tempo. Até o século XX, o sufrágio universal era negado tanto na teoria como na prática do governo republicano democrático. Mais do que qualquer outro aspecto, o sufrágio universal distingue a moderna democracia representativa de todas as formas anteriores de democracia.

O momento da chegada e a sequência em que as instituições foram introduzidas variaram muitíssimo. Nas democracias "mais antigas", países em que o conjunto completo das instituições democráticas chegou mais cedo e resistiu até o presente, emergem elementos de um padrão comum. As eleições para os legislativos chegaram bem cedo – na Inglaterra, já no começo do século XIII, e nos Estados Unidos, durante o período colonial, nos séculos XVII e XVIII. A prática de eleger funcionários superiores para fazer as leis foi seguida por uma gradual expansão dos direitos dos cidadãos para se expressarem sobre questões políticas, buscando e trocando informação. O direito de formar associações com objetivos políticos explícitos tendia a aparecer em seguida. As "facções" políticas e a organização *partisan* em geral eram consideradas perigosas, separatistas, passíveis de subverter a estabilidade e a ordem política, além de ofensivas ao bem público. No entanto, como as associações políticas não poderiam ser reprimidas sem certo grau de coerção que um número cada vez maior e mais influente de cidadãos considerava intolerável, muitas vezes conseguiam existir de maneira mais ou menos clandestina até emergirem das sombras para a plena luz do dia. Nos corpos legislativos, o que haviam sido "facções" se tornaram partidos políticos. A "posição" que servia ao governo de momento tinha como antagonista a "oposição" – na Inglaterra, *ins* e *outs* (estes, oficialmente chamados de *His* ou *Her Majesty's Loyal Opposition*: Leal Oposição de Sua Majestade). Na Inglaterra do século XVIII, a facção que apoiava o monarca e a facção opositora, apoiada por boa parte da *gentry*, a pequena nobreza do interior, aos poucos se transformaram em *Tories* e *Whigs*. Nesse mesmo século, na Suécia, adversários *partisan* no parlamento chamavam-se um tanto jocosamente de Cartolas e Bonés.[1]

Nos últimos anos do século XVIII, na recentemente constituída república dos Estados Unidos, Thomas Jefferson, vice-presidente, e James Madison, líder da Casa dos Representantes, organizaram seus seguidores no Congresso para fazer oposição às políticas do presidente federalista, John Adams, e seu secretário do tesouro, Alexander Hamilton. Para obter sucesso na oposição, logo perceberam que teriam de fazer mais do que se oporem aos federalistas no

---

[1] "Os *Hats* [chapéus] tomaram seu nome por serem como os camaradas arrojados que usavam o tricórnio da época ... Os *Caps* [bonés] receberam este apelido porque diziam que pareciam velhas tímidas em toucas de noite." Franklin D. Scott, *Sweden: The Nation's History*, Minneapolis, University of Minnesota Press, 1977, p. 243.

Congresso e no gabinete: teriam de retirar seus adversários do posto ocupado. Para isso, precisariam vencer as eleições nacionais e, para vencer as eleições nacionais, teriam de organizar seus seguidores pelo país inteiro. Em menos de uma década, Jefferson, Madison e outros solidários com suas ideias criaram um partido político que foi organizado de cima até os menores distritos, municipalidades e áreas eleitorais, uma organização que reforçaria a lealdade de seus seguidores entre e durante as campanhas das eleições, para terem a certeza de que todos compareceriam às urnas. Esse Partido Republicano (cujo nome logo foi mudado para Republicano Democrático e, uma geração adiante, Democrático) tornou-se o primeiro partido *eleitoral* popularmente apoiado do mundo. Assim, uma das instituições políticas mais fundamentais e características da democracia moderna, o partido político, explodira além de seus confins no Parlamento e nas legislaturas para organizar os cidadãos e mobilizar os que apoiavam os partidos nas eleições nacionais.

Na época em que o jovem aristocrata francês Alexis de Tocqueville visitou os Estados Unidos em 1830, as primeiras cinco instituições políticas democráticas descritas anteriormente já haviam aparecido na América do Norte. Essas instituições pareceram-lhe tão profundamente enraizadas e disseminadas que ele não hesitou em se referir aos Estados Unidos como uma democracia. Naquele país, dizia ele, o povo era soberano, "a sociedade se governa por si mesma" e o poder da maioria era ilimitado.[2] Tocqueville estava assombrado com a multiplicidade de associações em que os norte-americanos se organizavam para qualquer finalidade. Entre essas associações, destacavam-se dois grandes partidos políticos. Pareceu a Tocqueville que nos Estados Unidos a democracia era a mais completa que alguém poderia imaginar.

No século seguinte, todas as cinco instituições democráticas básicas observadas por Tocqueville em sua visita à América do Norte foram consolidadas em mais de uma dúzia de outros países. Muitos observadores na Europa e nos Estados Unidos chegaram à conclusão de que qualquer país que tivesse a aspiração de ser

---

[2] Alexis de Tocqueville, *Democracy in America*, v. 1, Nova York, Schocken Books, 1961, p. 51.

civilizado e avançado teria necessariamente de adotar uma forma democrática de governo.

Não obstante, faltava a sexta instituição fundamental – até mesmo a cidadania. Embora Tocqueville afirmasse que "o estado de Maryland, fundado por homens de classe, foi o primeiro a proclamar o sufrágio universal", como quase todos os homens (e mulheres) de seu tempo, tacitamente pressupôs que "universal" não incluísse as mulheres.[3] Não incluía alguns homens. O "sufrágio universal" de Maryland também excluía a maioria dos afro-americanos. Por toda parte, em países que eram mais ou menos democráticos, como os Estados Unidos, uma boa metade de todos os adultos estava completamente excluída da vida política nacional simplesmente por serem mulheres; além disso, o sufrágio era negado a muitos homens porque não satisfaziam as exigências de ser alfabetizados ou ter propriedades, exclusão essa apoiada por muita gente que se considerava defensora de um governo democrático ou republicano. A Nova Zelândia estendeu às mulheres o sufrágio nas eleições nacionais em 1893 e a Austrália em 1902, mas em países democráticos, em outros aspectos, as mulheres não obtiveram o sufrágio em eleições nacionais até mais ou menos 1920. Na Bélgica, na França e na Suíça – países que a maioria das pessoas chamaria de altamente democráticos –, as mulheres só puderam votar depois da Segunda Guerra Mundial.

Hoje ainda é difícil para muita gente apreender o que "democracia" significava para os que nos precederam; permita-me enfatizar mais uma vez a diferença: durante 25 séculos, em todas as democracias e repúblicas, os direitos de se envolver plenamente na vida política estavam restritos a uma minoria de adultos. O governo "democrático" era um governo apenas de homens – e nem todos... Somente no século XX é que tanto na teoria como na prática a democracia veio a exigir que os direitos de envolver-se plenamente na vida política deveriam ser estendidos, com pouquíssimas exceções – se é que devesse haver alguma –, a toda a população adulta com residência permanente em um país.

---

[3] *Idem, ibidem*, p. 50.

Tomadas integralmente, essas seis instituições políticas não constituem apenas um novo tipo de sistema político, mas uma nova espécie de governo popular, um tipo de "democracia" que jamais existira pelos 25 séculos de experiência, desde a primeira *democracia* em Atenas e a primeira *república* em Roma. Tomadas em seu conjunto, as instituições do moderno governo representativo democrático são historicamente únicas; por isso é bom que recebam seu próprio nome. Esse tipo moderno de governo democrático em grande escala às vezes é chamado de *poliarquia* – democracia poliárquica.

Palavras sobre palavras

Poliarquia deriva de palavras gregas que significam "muitos" e "governo"; assim, "o governo de muitos" se distingue do governo de um, a monarquia, e do governo de poucos, a oligarquia ou a aristocracia. Embora a expressão seja usada raramente, em 1953 um colega e eu a introduzimos, por ser uma boa maneira para usar como referência a uma democracia representativa moderna. Mais precisamente, uma democracia poliárquica é um sistema político dotado das seis instituições democráticas listadas anteriormente. Portanto, a democracia poliárquica é diferente da democracia representativa com o sufrágio restrito – como a do século XIX. Também é diferente das democracias e das repúblicas antigas que não apenas tinham sufrágio restrito, mas faltavam-lhes muitas outras características decisivas da democracia poliárquica – por exemplo, os partidos políticos, o direito de formar organizações políticas para influenciar ou fazer oposição ao governo existente, os grupos de interesse organizados, e assim por diante. É também diferente das práticas democráticas em unidades tão pequenas que os membros podem se reunir diretamente e tomar decisões políticas (ou recomendá-las), fazer leis. (Voltarei a essa diferença daqui a pouco.)

Embora muitas vezes outros fatores contribuíssem, as seis instituições políticas da democracia poliárquica apareceram, pelo menos em parte, como reação a exigências de inclusão e participação na vida política. Em países que são hoje chamados *democracias*, existem todas as seis instituições. Você poderia muito bem perguntar: algumas dessas instituições não serão mais do que produtos de lutas históricas do passado? Por que elas ainda são necessárias hoje?

O fator *tamanho*

Antes de responder, tenho de chamar atenção para uma importante ressalva. Como adverti no início deste capítulo, estamos ponderando as instituições necessárias para o governo de um *país* democrático. Por que "país"? *Porque todas as instituições necessárias para um país democrático nem sempre seriam exigidas para uma unidade muito menor do que um país.*

Imagine uma comissão democraticamente governada – ou um clube, ou uma cidadezinha bem pequena. A igualdade no voto pareceria necessária, mas unidades pequenas como essas poderiam resolver seus problemas sem muitos funcionários eleitos: talvez um moderador para presidir as reuniões, um secretário-tesoureiro para tratar das minutas e da contabilidade. Os próprios participantes poderiam decidir praticamente tudo nessas reuniões, deixando os detalhes para o secretário-tesoureiro. O governo de pequenas organizações não precisaria ser governos *representativos* plenamente desenvolvidos, em que os cidadãos elejam representantes encarregados de promulgar leis e criar políticas. No entanto, esses governos poderiam ser democráticos, talvez até bastante democráticos. Assim, embora lhes faltassem partidos políticos ou outras associações políticas independentes, poderiam ser bastante democráticos. Na verdade, poderíamos concordar com a visão democrática e republicana clássica que com pequenas ações organizaram "partidos" que são não somente desnecessários mas completamente perniciosos. Em lugar da oposição exarcebada pelo partidarismo, pelos conluios, pelos partidos políticos e assim por diante, podemos optar pela união, pelo consenso, pelo acordo consumado pela discussão e pelo respeito mútuo.

Figura 7: Por que as instituições são necessárias

Numa unidade grande como um país, essas instituições políticas da democracia poliárquica ...	São necessárias para satisfazer os seguintes critérios democráticos:
1. Representantes eleitos ...	Participação efetiva Controle do programa Igualdade de voto
2. Eleições livres, justas e frequentes ...	Controle do programa Participação efetiva
3. Liberdade de expressão ...	Entendimento esclarecido Controle do programa
4. Informação alternativa ...	Participação efetiva Entendimento esclarecido
5. Autonomia para as associações ...	Controle do programa Participação efetiva
6. Cidadania inclusiva ...	Entendimento esclarecido Controle do programa Plena inclusão

As instituições políticas rigorosamente exigidas para um governo democrático dependem do tamanho da unidade. As seis instituições listadas anteriormente desenvolveram-se porque são necessárias para governar *países*, não unidades menores. A democracia poliárquica é o governo democrático na grande escala do país ou Estado-nação.

Voltando às nossas perguntas: as instituições da democracia poliárquica serão realmente necessárias para a democracia na grande escala de um país?

Por que (e quando) a democracia exige representantes eleitos?

Conforme o foco do governo democrático mudava para unidades em grande escala, como nações ou países, surgiam questões: como os cidadãos poderão *participar efetivamente* quando o número de pessoas se tornar exageradamente grande ou geograficamente muito disperso (ou ambos, o que pode acontecer num país) para que possam participar de maneira conveniente na feitura de leis, reunindo-se em um único lugar? Como elas poderão ter a certeza de que as questões que mais as preocupam venham a ser devidamente ponderadas pelos funcionários – ou seja: como os cidadãos poderão *controlar o programa de planejamento* das decisões do governo?

Naturalmente, é complicadíssimo satisfazer a essas exigências da democracia numa unidade política do tamanho de um país; para falar a verdade, até certo ponto quase impossível. No entanto, como acontece com outros critérios democráticos bastante exigentes, este pode também servir como padrão para avaliar possibilidades e soluções alternativas. Está muito claro que as exigências não estarão satisfeitas se os funcionários mais importantes do governo fizerem o planejamento e adotarem políticas independentemente dos desejos dos cidadãos. A única solução viável, embora bastante imperfeita, é que os cidadãos elejam seus funcionários mais importantes e os mantenham mais ou menos responsáveis por meio das eleições, descartando-os nas eleições seguintes.

Para nós, essa solução parece óbvia – mas o que nos parece óbvio talvez não tenha sido tão óbvio para nossos predecessores.

Como vimos no Capítulo 2, até muito pouco tempo a possibilidade de que os cidadãos pudessem escolher ou rejeitar representantes com autoridade para legislar por meio de eleições continuava amplamente estranha à teoria e à prática da democracia. Como também já vimos, a eleição de representantes desenvolveu-se principalmente durante a Idade Média, quando os monarcas perceberam que para impor taxas, levantar exércitos e legislar precisavam obter o consentimento da nobreza, do alto clero e de alguns anônimos não muito anônimos nas maiores cidades.

Até o século XVIII, a visão comum era a de que um governo democrático ou republicano significasse governo do povo e que, para governar, o povo teria de se reunir em um único local e votar sobre decretos, leis ou políticas. *Democracia* teria de ser uma democracia de assembleias populares; "democracia representativa" seria uma contradição. Explícita ou implicitamente, uma república ou uma democracia só poderia existir numa pequena unidade, como uma cidade, pequena ou grande. Autores que defendiam esse ponto de vista, como Jean-Jacques Rousseau ou Montesquieu, conheciam perfeitamente as desvantagens de um pequeno Estado, especialmente se comparado à superioridade militar de um Estado bem maior, e eram muitíssimo pessimistas sobre as perspectivas futuras para a verdadeira democracia.

A visão comum foi rapidamente superada e posta de lado pela força da investida do Estado nacional. O próprio Rousseau compreendia claramente que, para um país grande como a Polônia (para o qual ele propôs uma constituição), seria necessária a representação. Pouco depois, essa visão comum foi rechaçada do palco da história com a chegada da democracia nos Estados Unidos da América.

No final de 1787, quando a Convenção Constitucional se reuniu na Filadélfia para criar uma constituição adequada para um grande país com uma população cada vez maior, os delegados conheciam muito bem a tradição histórica. Seria possível existir uma república da gigantesca escala já atingida pelos Estados Unidos, para não mencionar a escala ainda maior prevista pelos delegados?[*] Contudo, ninguém questionava que uma república que viesse a existir na América do Norte tivesse de assumir a forma de república *representativa*. Devido à demorada experiência com a representação nas legislaturas coloniais e estatais no Congresso Continental, a viabilidade do governo representativo estava praticamente além da discussão.

Em meados do século XIX, a visão tradicional era ignorada, esquecida ou, quando lembrada, tratada como se fosse irrelevante. Stuart Mill escreveu, em 1861:

> É evidente que o único governo que pode corresponder plenamente a todas as exigências do Estado social é um governo em que todo o povo participa; em que qualquer participação, mesmo na menor função pública, é útil; que a participação deveria ser por toda parte tão grande quanto permita o grau geral de melhoria da comunidade; e que, em última análise, nada pode ser menos

---

[*] Alguns delegados temerários previram que os Estados Unidos poderiam, em última análise, chegar a ter cem milhões de habitantes. Esse número foi atingido em 1915.

desejável do que a admissão de todos numa parcela do poder soberano do Estado. Numa comunidade que exceda o tamanho de uma cidadezinha, *todos* não podem participar pessoalmente de qualquer porção dos negócios públicos, a não ser alguma muito pequena; portanto, o tipo ideal do governo perfeito deve ser representativo.[4]

Por que a democracia exige eleições livres, justas e frequentes?

Se aceitamos a conveniência da igualdade política, todos os cidadãos devem ter uma *oportunidade igual e efetiva de votar e todos os votos devem ser contados como iguais*. Para implementar a igualdade no voto, é evidente que as eleições devem ser livres e justas. *Livres* quer dizer que os cidadãos podem ir às urnas sem medo de repressão; para serem *justas*, todos os votos devem ser contados igualmente. Mesmo assim, eleições livres e justas não são o bastante. Imagine eleger representantes para um período de – digamos – 20 anos! Se os cidadãos quiserem manter o *controle final sobre o planejamento*, as eleições também devem ser frequentes.

A melhor maneira de implementar eleições livres e justas não é evidente. No final do século XIX, o voto secreto começou a substituir a mão erguida em público. Embora o voto aberto ainda tenha poucos defensores, o segredo se tornou o padrão geral; um país em que ele é amplamente violado seria considerado desprovido de eleições livres e justas. A discussão sobre o tipo de sistema de voto que melhor corresponda aos padrões da justiça continua. Será um sistema de representação proporcional, como o empregado na maioria dos países democráticos, mais justo do que o sistema *First-Past-the-Post*[*] usado

---

[4] John Stuart Mill, *Considerations on Representative Government* [1861], Nova York, Liberal Arts Press, 1958, p. 55.

[*] Expressão inglesa que significa, literalmente, "o primeiro a ultrapassar a linha de chegada". Essa expressão foi "tomada emprestada" do jargão das corridas de cavalos. No caso da eleição, é usada porque o candidato com mais votos entre os distritos é o que representa a região e não o mais votado da região. (N. do E.)

na Inglaterra e nos Estados Unidos? Pode-se apresentar argumentos razoáveis para ambos, como veremos ao voltarmos a essa questão no Capítulo 10. Não obstante, em discussões sobre diferentes sistemas de voto, pressupõe-se a necessidade de um sistema justo; a melhor maneira de obter a justiça e outros objetivos razoáveis é apenas uma questão técnica.

Que frequência deveriam ter as eleições? A julgar pelos métodos habituais em países democráticos no século XX, diríamos que eleições anuais para os representantes do legislativo seriam frequentes demais e que um prazo além de cinco anos seria muito exagerado. Evidentemente, os democratas podem muito bem discordar a respeito do intervalo específico e de como ele poderia variar em diferentes postos e em diferentes tradições. O caso é que, sem eleições frequentes, os cidadãos perderiam um verdadeiro controle sobre os funcionários eleitos.

Por que a democracia exige a livre expressão?

Para começar, a liberdade de expressão é um requisito para que os cidadãos realmente *participem* da vida política. Como poderão eles tornar conhecidos seus pontos de vista e persuadir seus camaradas e seus representantes a adotá-los, a não ser expressando-se livremente sobre todas as questões relacionadas à conduta do governo? Se tiverem de levar em conta as ideias de outros, será preciso escutar o que esses outros tenham a dizer. A livre expressão não significa apenas ter o direito de ser ouvido, mas ter também o direito de ouvir o que os outros têm para dizer.

Para se adquirir uma *compreensão esclarecida* de possíveis atos e políticas do governo, também é preciso liberdade de expressão. Para adquirir a competência cívica, os cidadãos precisam de oportunidades para expressar seus pontos de vista, aprender uns com os outros, discutir e deliberar, ler, escutar e questionar especialistas, candidatos políticos e pessoas em cujas opiniões confiem – e aprender de outras maneiras que dependem da liberdade de expressão.

Por fim, sem a liberdade de expressão, os cidadãos logo perderiam sua capacidade de influenciar *o programa de planejamento* das decisões do governo. Cidadãos silenciosos podem ser perfeitos para um governante autoritário, mas seriam desastrosos para uma democracia.

Por que a democracia exige a existência de fontes alternativas e independentes de informação?

Como a liberdade de expressão, diversos critérios democráticos básicos exigem que fontes de informação alternativas e relativamente independentes estejam disponíveis para as pessoas. Pense na necessidade de *compreensão esclarecida*. Como os cidadãos podem adquirir a informação de que precisam para entender as questões se o governo controla todas as fontes importantes de informação? Ou, por exemplo, se apenas um grupo goza do monopólio de fornecer a informação? Portanto, os cidadãos devem ter acesso a fontes de informação que não estejam sob o controle do governo ou que sejam dominadas por qualquer grupo ou ponto de vista.

Pense ainda sobre a *participação efetiva* e a influência no *planejamento público*. Como poderiam os cidadãos participar realmente da vida política se toda a informação que pudessem adquirir fosse proporcionada por uma única fonte – o governo, digamos – ou, por exemplo, um único partido, uma só facção ou um único interesse?

Por que a democracia exige associações independentes?

Como vimos anteriormente, foi preciso uma virada radical nas maneiras de pensar para aceitar a necessidade de associações políticas: grupos de interesse, organizações de *lobby*, partidos políticos. No entanto, se uma grande república exige que representantes sejam eleitos, então, como as eleições poderão ser contestadas? Formar uma organização, como um partido político, dá a um grupo uma evidente vantagem eleitoral. Se um grupo quer obter essa vantagem, não a desejarão também outros que discordem de suas políticas? Por que a atividade política deveria ser interrompida entre as eleições? Os legisladores podem ser influenciados; as causas podem ser apresentadas, políticas podem ser implementadas, nomeações podem ser procuradas. Assim, ao contrário de uma cidadezinha, a democracia na grande escala de um país faz com que as associações políticas se tornem ao mesmo tempo necessárias e desejáveis. Seja como for, como poderiam ser evitadas sem prejudicar o direito fundamental dos cidadãos de participar efetivamente do governo? Numa grande república, eles não são apenas necessários e desejáveis, mas inevitáveis. Associações independentes também são uma fonte de *educação cívica e esclarecimento cívico*: proporcionam informação aos cidadãos e, além disso, oportunidades para discutir, deliberar e adquirir habilidades políticas.

Por que a democracia exige uma cidadania inclusiva?

Naturalmente, a resposta será encontrada nas razões que nos levaram à conclusão do capítulo anterior. Não é preciso repeti-las aqui.

Podemos ver as instituições políticas descritas neste capítulo e resumidas na Figura 6 de várias maneiras. Um país que não possua uma ou mais dessas instituições até esse ponto não está suficientemente democratizado; o conhecimento das instituições políticas básicas pode nos ajudar a criar uma estratégia para realizar uma *transição* completa para a democracia representativa moderna. Para um país que apenas recentemente fez a transição, esse conhecimento pode ajudar a nos informar sobre as instituições decisivas que precisam ser *reforçadas, aprofundadas* e *consolidadas*. Como são todas necessárias para a democracia representativa moderna (a democracia poliárquica), também podemos ver que elas estabelecem *um nível mínimo para a democracia*.

As pessoas que vivem em democracias mais antigas, em que a transição para a democracia ocorreu há algumas gerações e as instituições políticas listadas na Figura 6 estão hoje solidamente estabelecidas, enfrentam hoje uma dificuldade diferente e igualmente complicada. Ainda que necessárias para a democratização, com toda a certeza essas instituições não são *suficientes* para atingir plenamente os critérios democráticos listados na Figura 6 e descritos no Capítulo 4. Não teremos então a liberdade, talvez até a obrigação, de avaliar as nossas instituições democráticas em relação a esses critérios? Parece-me óbvio, como a muita gente, que, ponderadas em relação a critérios democráticos, as instituições políticas existentes apresentam muitas falhas.

Assim como precisamos de estratégias para produzir uma transição para a democracia em países não democráticos e para consolidar as instituições democráticas em países recentemente democratizados, nas democracias mais antigas é necessário pensar se e como ultrapassar o nível existente de democracia.

Deixe-me expor desta maneira: em muitos países, é preciso atingir a democratização até o nível da democracia poliárquica. No entanto, a dificuldade para os cidadãos nas democracias mais antigas é descobrir como elas poderiam chegar a um nível de democratização *além* da democracia poliárquica.

Capítulo 9

Variedades I: democracia em escalas diferentes

Existem diferentes variedades de democracia? Se existem, quais são elas? As palavras *democracia* e *democrático* são espalhadas por aí sem qualquer discriminação, e, com isso, é tentador adotar as ideias de Humpty Dumpty, em *Alice através do espelho*:

– Quando uso uma palavra, ela quer dizer exatamente o que eu quiser – disse Humpty Dumpty em tom bastante zombeteiro.
– Nada mais, nada menos.
– O caso é saber se você pode *mesmo* fazer as palavras significarem tantas coisas diferentes... – disse Alice.
– O caso é saber quem é que manda – disse Humpty Dumpty.
– Só isso!

Em todo caso, as palavras importam, sim...

Se aceitarmos o ponto de vista de Alice,* qualquer um pode chamar de democracia qualquer governo – até mesmo um governo despótico. Isso acontece com frequência maior do que você imaginaria. Líderes autoritários, às vezes, dizem que seu regime é um tipo "especial" de democracia, superior aos outros. Por exemplo, Vladimir Ilitch Lenin afirmou:

---

* *Alice no país das maravilhas*, obra clássica de Lewis Carral. (N. do E.).

> A democracia do proletário é um milhão de vezes mais democrática do que qualquer democracia burguesa; o governo soviético é um milhão de vezes mais democrático do que a mais democrática república burguesa.[1]

Uma visão do homem que foi o arquiteto mais importante na construção dos alicerces do regime totalitário que regeu a União Soviética por mais de 60 anos.

Ficções como essa também foram inventadas por líderes e propagandistas de "democracias do povo" altamente autoritárias criadas na Europa Central e do Leste, em países que caíram sob domínio soviético durante e depois da Segunda Guerra Mundial.

No entanto, por que deveríamos aceitar covardemente as declarações dos déspotas de que são democratas? Uma serpente venenosa não se torna uma pomba porque seu dono diz que é. Não importa o que afirmem líderes e propagandistas, um país será uma democracia apenas se possuir *todas* as instituições políticas necessárias à democracia.

Isso significaria que os critérios democráticos só poderão ser correspondidos por meio de todo o conjunto de instituições políticas da democracia poliárquica no último capítulo? Não necessariamente.

- As instituições da democracia poliárquica são necessárias para a democratização do governo do Estado num sistema em grande escala, especificamente um país. Contudo, elas poderiam ser desnecessárias ou completamente inadequadas para a democracia em unidades em escala menor (ou maior?) ou em menores associações independentes do Estado, que ajudam a constituir a sociedade civil. (Falarei mais sobre isso daqui a pouco.)
- No capítulo anterior, as instituições da democracia poliárquica foram descritas em linhas gerais; mas os países democráticos não podem variar muitíssimo e em aspectos bastante importantes

---

[1] Lenin, *The Proletarian Revolution and the Renegade Kautsky* (novembro de 1918), citado em Jens A. Christophersen, *The Meaning of "Democracy" as Used in European Ideologies from the French to the Russian Revolution*, Oslo, Universitetsvorlaget, 1966, p. 260.

de suas instituições políticas – tais como sistemas partidários, métodos de votação e afins? Examinaremos algumas dessas variações nos próximos dois capítulos.

- O fato de serem necessárias as instituições da democracia poliárquica não implica que sejam suficientes para a democracia. Sim, um sistema político dotado dessas instituições corresponderá de modo mais ou menos satisfatório aos critérios democráticos descritos no Capítulo 4. Não será possível que outras instituições, além dessas, permitam que um país atinja um ou mais desses critérios mais plenamente?

Democracia: grega x moderna

Se as instituições políticas requeridas para a democracia têm de incluir representantes eleitos, o que diremos dos gregos, os primeiros a aplicar a palavra *democracia* ao governo de suas cidades-estado? Se – como Lenin, Mussolini e outros antidemocratas do século XX – concluíssemos que os gregos utilizaram mal essa palavra, não estaríamos levando a nossa perspectiva do presente um tanto longe, ao ponto de um absurdo anacrônico? Afinal de contas, foram os gregos que inventaram e usaram a palavra *democracia*. Negar que Atenas fosse uma democracia seria como afirmar que os irmãos Wright não inventaram o avião porque a máquina deles se parecia pouquíssimo com os nossos aviões de hoje.

Com o devido respeito ao uso do passado, talvez possamos aprender algo sobre a democracia das pessoas que não apenas nos deram a palavra, mas também nos proporcionaram exemplos concretos de seu significado. Quando examinamos Atenas, o melhor exemplo conhecido da democracia grega, logo observamos duas importantes diferenças em relação à versão atual. Por razões que já exploramos, hoje a maioria dos democratas insistiria que um sistema democrático aceitável deve satisfazer a um critério democrático inaceitável para os gregos: a inclusão. Também acrescentamos uma instituição política que os gregos não apenas consideravam desnecessária para suas democracias, mas perfeitamente indesejável: a eleição de representantes com autoridade para legislar. Poderíamos dizer que o sistema político inventado pelos gregos era uma democracia primária, uma democracia de assembleia ou uma democracia de câmara de vereadores. Decididamente, eles não criaram a democracia representativa como hoje a entendemos.[2]

Democracia de assembleia x democracia representativa

Acostumados como estamos a aceitar a legitimidade da democracia representativa, talvez tenhamos alguma dificuldade para entender por que os gregos se sentiam tão apegados à democracia de assembleia. Não obstante, até bem pouco tempo, a maioria dos outros defensores da democracia pensava como eles até 1762, quando foi publicado *O contrato social*, de Jean-Jacques Rousseau. Talvez até depois de Rousseau, os antifederalistas nos Estados Unidos, que se opunham à nova Constituição norte-americana porque acreditavam que, sob um governo *federal*, seriam incapazes de se governar. Até hoje, os cidadãos de cantões na Suíça e de cidadezinhas do estado de Vermont, nos Estados Unidos, preservam ciumentamente suas assembleias populares. Os estudantes norte-americanos nos anos 1960 e 1970 exigiam furiosamente que a "democracia participativa" substituísse os sistemas representativos – e muitos outros, que em nossos dias continuam a enfatizar as virtudes do governo democrático por meio de assembleias de cidadãos.

Os defensores da democracia de assembleia que conhecem sua história estão conscientes de que a representação, como artifício democrático, tem um passado sombrio. Como vimos no Capítulo 2, o governo representativo não se originou como prática democrática, mas como artifício pelo qual os governantes não democráticos (principalmente, os monarcas) poderiam enfiar as mãos em valiosos rendimentos e outros recursos que desejavam, especialmente para fazer as guerras. Em sua origem, a representação não era democrática:

---

[2] Conforme já mencionei no Capítulo 2, os gregos não consideravam "democráticos" os rudimentares governos representativos formados por algumas cidades objetivando a defesa comum que, de qualquer maneira, era relevante para o desenvolvimento de governos representativos posteriores.

era uma instituição não democrática, mais tarde enxertada na teoria e na prática democrática.

Além de sua muito bem fundamentada suspeita dessa instituição desprovida de credenciais democráticas, os críticos da representação tinham um argumento ainda mais essencial. Numa pequena unidade política, como uma cidadezinha, a democracia de assembleia proporciona aos cidadãos boas oportunidades de se envolverem no processo de governar a si mesmos que um governo representativo numa grande unidade simplesmente não conseguiria proporcionar.

Leve em conta um dos critérios ideais para a democracia descritos no Capítulo 4: oportunidades para realmente participar nas decisões. Numa pequena unidade governada por seus cidadãos reunidos em uma assembleia popular, os participantes podem discutir e debater as questões consideradas importantes; depois de ouvir os prós e os contras, podem tomar suas decisões, votar diretamente sobre os assuntos em pauta à sua frente e assim não terão de delegar uma série de decisões cruciais a representantes que poderiam muito bem ser influenciados por seus próprios fins e interesses em lugar dos que teriam seus constituintes.

Dadas essas claras vantagens, por que a antiga compreensão da democracia foi alterada para abrigar uma instituição política não democrática em sua origem?

A representação já existia

Como sempre, a história nos responde em parte. Nos países em que já existia o costume de eleger representantes, os reformadores democráticos viram uma deslumbrante oportunidade. Não viam nenhuma necessidade de rejeitar o sistema representativo, apesar de sua duvidosa origem e do sufrágio restrito e exclusivo em que estava baseado. Eles acreditavam que, ampliando a base eleitoral, a legislatura ou o Parlamento poderiam ser transformados em um corpo mais verdadeiramente representativo que atenderia aos objetivos democráticos. Alguns viam na representação uma alteração profunda e deslumbrante nas perspectivas para a democracia. Um pensador francês do século XVIII, Destutt de Tracy, cujas críticas a Montesquieu, seu predecessor, influenciaram imensamente a Thomas Jefferson, observou triunfante:

> A representação ou governo representativo pode ser considerada uma invenção inovadora, desconhecida na época de Montesquieu ... A democracia representativa ... é a democracia viável por muito tempo e sobre um território de grande extensão.[3]

Em 1820, James Stuart Mill descreveu o "sistema de representação" como "a grandiosa descoberta dos tempos modernos".[4] Invenção inovadora, grandiosa descoberta: essas palavras nos ajudam a apreender um pouco da emoção que sentiram os reformadores democráticos ao desvendar o pensamento democrático tradicional e perceberam que seria possível criar uma nova espécie de democracia, enxertando a prática medieval da representação na árvore da democracia antiga.

Eles estavam certos. Em essência, o processo de ampliação levou a um governo representativo baseado em um *demos* inclusivo, ajudando a atingir a concepção moderna da democracia.

Dadas as vantagens relativas da representação, por que os reformadores democráticos não a rejeitaram completamente e optaram pela democracia direta sob a forma, por exemplo, de uma assembleia do povo no estilo dos gregos? Essa possibilidade tem alguns defensores, mas em geral os defensores da democracia, como os formadores da Constituição dos Estados Unidos, concluíram que a unidade política que desejavam democratizar era grande demais para uma democracia de assembleia.

Mais uma vez: tamanho e democracia

O tamanho tem importância. O número de pessoas numa unidade política e a extensão de seu território têm consequências para a forma

---

[3] Destutt de Tracy, *A Commentary and Review of Montesquieu's Spirit of Laws*, Filadélfia, William Duane, 1811, p. 19, citado em Adrienne Koch, *The Philosophy of Thomas Jefferson*, Chicago, 1964, p. 152, 157.

[4] Citado em George H. Sabine, *A History of Political Theory*, 3. ed., Nova York, Holt, Rinehart and Winston, 1961, p. 695.

da democracia. Imagine, por um momento, que você é um reformador democrático num país com um governo não democrático que quer democratizar. Você não quer que o seu país se dilua em dezenas ou até centenas de miniestados, mesmo que cada um deles fosse pequeno o bastante para que seus cidadãos se reúnam com frequência para exercitar sua soberania numa assembleia. Os cidadãos de seu país são por demais numerosos para se reunirem numa assembleia e, além disso, estão espalhados por um território grande demais para todos se reunirem sem tremendas dificuldades. O que você deveria fazer?

Talvez hoje e cada vez mais no futuro seja possível resolver o problema territorial com o emprego dos meios de comunicação eletrônicos; assim, os cidadãos disseminados por uma área muito grande se "encontrarão" para discutir variadas questões e para votar. Contudo, uma coisa é possibilitar "reuniões" eletrônicas e outra muito diferente é resolver o problema apresentado por números imensos de cidadãos. Além de certo limite, a tentativa de fazer com que todos se reúnam e se envolvam em discussão frutífera, mesmo por meios eletrônicos, torna-se um disparate.

Que tamanho é grande demais para uma democracia de assembleia? Que tamanho é pequeno demais? Segundo estimativas recentes de estudiosos, nas cidades-estado gregas, o corpo de cidadãos adultos do sexo masculino tipicamente chegava a um número que variava de dois mil a dez mil – este seria mais ou menos o número correto para uma boa *polis* (ou uma cidade-estado autogovernada) na visão de alguns teóricos políticos gregos. Não obstante, em Atenas o corpo dos cidadãos era bem maior do que isso, possivelmente em torno de *60 mil* no período áureo da democracia ateniense, em 450 a.C. "Atenas simplesmente tinha um número exagerado de cidadãos para a *polis* funcionar devidamente", escreveu um estudioso. Um século mais tarde, como resultado de emigração, de mortes pelas guerras e doenças e de maiores restrições à cidadania, esse número talvez tenha sido reduzido à metade, o que ainda era demais para reunir em sua assembleia mais do que uma pequena fração dos homens dotados de cidadania ateniense.[5]

---

[5] A citação e as estimativas dos números de cidadãos atenienses são de Morgens Herman Hansen, *The Athenian Democracy in the Age of Demosthenes: Struc-*

Um pouquinho de aritmética revelará daqui a pouco as inexoráveis consequências do tempo e dos números. Imagine que iniciemos com uma unidade minúscula, um comitê de apenas dez pessoas, por exemplo. Acreditamos que seria razoável permitir a cada membro pelo menos dez minutos para discutir a questão em pauta. Assim, precisaremos de mais ou menos uma hora e 40 minutos para a nossa reunião, o que certamente não é nenhum tempo exorbitante para a reunião dos membros desse comitê. Contudo, imagine que o assunto é muito complicado, exigindo cerca de meia hora de cada membro do comitê. Será preciso planejar uma reunião de cinco horas ou, talvez, duas reuniões – uma quantidade de tempo ainda aceitável.

Um comitê bastante grande ainda seria uma pequena assembleia de cidadãos. Imagine agora, por exemplo, uma aldeia de 200 pessoas, das quais cem adultos, todos os quais assistem às reuniões das assembleias. Cada um deles tem o direito de falar por

Tabela 1: O alto preço da democracia participativa

Número de pessoas	Total do tempo exigido se cada pesssoa tem					
	10 minutos			30 minutos		
	minutos	horas	dias de 8 horas	minutos	horas	dias de 8 horas
10	100	2		300	5	
20	200	3		600	10	1
50	500	8	1	1.500	25	3
500	5.000	83	10	15.000	250	31
1.000	10.000	167	21	30.000	500	63
5.000	50.000	833	104	150.000	2.500	313
10.000	100.000	1.667	208	300.000	5.000	625

dez minutos. Esse modesto total exigiria dois dias de oito horas de reunião – o que não é impossível, mas com toda a certeza não é nada fácil de conseguir! Por enquanto, mantenhamos o nosso pressuposto

---

ture, Principles, and Ideology, traduzido para o inglês por J. A. Crook, Oxford, Blackwell, 1991, p. 53-54. As estimativas para outras cidades são de John V. Fine, *The Ancient Greeks: A Critical History*, Cambridge, Belknap Press of Harvard University Press, 1983.

de apenas dez minutos para a participação de cada cidadão. Conforme aumentam os números, mais absurda se torna a situação. Numa *"polis* ideal" de dez mil cidadãos com plenos direitos, o tempo requerido ultrapassa em muito quaisquer limites toleráveis. Os dez minutos concedidos a cada cidadão exigiriam mais de 200 dias de oito horas de trabalho! A concessão de meia hora a cada um exigiria quase dois anos de reuniões constantes (Tabela 1)!

Naturalmente, pressupor que todos os cidadãos queiram falar é absurdo, como sabe qualquer um que tenha um vago conhecimento a respeito das assembleias populares. O característico é que poucas pessoas falem na maior parte do tempo. Os outros se contêm por alguma razão: porque o que teriam a dizer já foi devidamente exposto por alguém, porque já tomaram sua decisão, porque têm medo de falar em público, sentem-se mal, não têm nenhum interesse tão urgente no assunto discutido, não conhecem muito bem a questão e assim por diante... Portanto, enquanto alguns discutem, o resto escuta (ou não), e quando chega na hora de votar, vota (ou não).

Além do mais, podem ocorrer muitas discussões e investigações por outros cantos. Muitas das horas necessárias na Tabela 1 podem ser na verdade usadas na discussão de questões públicas em inúmeros cenários informais. Assim, não devemos ler a Tabela 1 de maneira muito simplória. Apesar de todas as restrições razoáveis, a democracia de assembleia tem alguns problemas sérios:

- As oportunidades para a participação rapidamente diminuem com o aumento do corpo de cidadãos.
- Embora muito mais gente possa participar escutando os que falam, o número máximo de participantes numa única reunião com probabilidade de se expressar pela oratória é muito pequeno – bem menos do que uma centena.
- Esses membros com plena participação se tornam os representantes dos outros, exceto no voto. (Esta exceção é importante; voltarei a ela daqui a pouco.)
- Assim, mesmo numa unidade governada pela democracia de assembleia, é provável existir uma espécie de sistema *de facto*.
- Nada garante que os membros dotados do direito de plena participação sejam representativos do resto.

- Para proporcionar um sistema satisfatório para selecionar representantes, é razoável que os cidadãos prefiram eleger seus representantes em eleições livres e justas.

Os limites democráticos do governo representativo

Aparentemente, a vantagem está com a representação. Será? A ironia dessa combinação de tempo e números é ser uma faca de dois gumes: ela revela num instante um enorme defeito democrático no governo representativo. Voltando à Tabela 1 e aos nossos exercícios de aritmética: imagine que agora calculamos o tempo necessário para cada cidadão ter um rapidíssimo encontro com seu representante. A Tabela 1 proporciona um argumento devastador contra as possibilidades de participação no governo representativo. Imaginemos que um representante eleito separe dez minutos de seu tempo para discutir com cada cidadão adulto as questões de seu distrito. Não levaremos em conta o tempo de viagem e outros problemas pragmáticos. Façamos de conta que no distrito vivem dez mil cidadãos adultos – o maior número mostrado na Tabela 1. *Quod erat demonstrandum* (como queríamos demonstrar): o representante teria de passar mais da metade dos dias do ano só para se encontrar com seus constituintes! Nos Estados Unidos, os representantes do Congresso são eleitos em distritos que em média contêm mais de 400 mil cidadãos adultos! Um membro do Parlamento norte-americano que desejasse dedicar apenas dez minutos para cada cidadão em seu distrito não teria tempo para mais nada em sua vida... Se o deputado (ou deputada) quisesse passar oito horas por dia nessa tarefa, todos os dias do ano, precisaria de mais de 20 anos ou dez mandatos de dois anos – mais tempo do que a maioria dos representantes costuma permanecer no Congresso!

Democracia de assembleia ou democracia representativa? Democracia em pequena escala ou democracia em grande escala? Qual a melhor? Qual a mais democrática? Cada uma delas tem seus defensores apaixonados. Exatamente como acabamos de ver, há um bom argumento para as vantagens de cada uma delas. Contudo, nossos exercícios aritméticos bastante artificiais e até absurdos revelaram os limites insuperáveis da participação cívica – limites esses que se aplicam aos dois tipos com uma indiferença cruel. Nenhum dos dois pode fugir dos limites inexoráveis impostos pela interação do tempo exigido para um ato de participação e do número de cidadãos autorizados a participar.

A lei do tempo e dos números: quanto mais cidadãos uma unidade democrática contém, menos esses cidadãos podem participar diretamente das decisões do governo e mais eles têm de delegar a outros essa autoridade.

Um dilema básico da democracia

Há um dilema fundamental da democracia espreitando nos bastidores deste cenário. Se nosso objetivo é estabelecer um sistema de governo democrático que proporcione o máximo de oportunidades para os cidadãos participarem das decisões políticas, evidentemente a democracia de assembleia num sistema político de pequena escala está com a vantagem. Contudo, se nossa meta é estabelecer um sistema democrático de governo que proporcione o maior terreno possível para tratar eficazmente dos problemas de maior importância para os cidadãos, então, em geral, a vantagem estará numa unidade de tal tamanho que será preciso um sistema representativo. Este é o dilema da participação do cidadão *versus* a eficácia do sistema:

> Quanto menor a unidade democrática, maior seu potencial para a participação do cidadão e menor a necessidade de que os cidadãos deleguem as decisões do governo a representantes. Quanto maior a unidade, maior sua capacidade para tratar de problemas importantes para seus cidadãos e maior a necessidade dos cidadãos delegarem as decisões a representantes.

Não vejo como podemos fugir desse dilema. Em todo caso, ainda que não possamos fugir dele, podemos enfrentá-lo.

O negócio *às vezes* é ser pequeno

Como acontece com todas as outras atividades dos seres humanos, os sistemas políticos não realizam necessariamente suas possibilidades. O título de um livro apreende a essência desse tipo de perspectiva: *O negócio é ser pequeno*.[6] Indiscutivelmente, em teoria é possível que sistemas políticos muito pequenos obtenham um elevado índice de participação do cidadão a que os sistemas grandes jamais podem corresponder. No entanto, muitas vezes, talvez em geral, eles não conseguem realizar seu potencial.

As assembleias populares em algumas cidades menores da Nova Inglaterra, nos Estados Unidos, são um bom exemplo dos limites e das possibilidades. Embora a maioria das assembleias populares tradicionais da Nova Inglaterra tenha sido substituída no todo ou em parte por um corpo legislativo de representantes eleitos, elas ainda estão vivas e muito bem em Vermont, um estado principalmente rural.

Um observador solidário e participante que estudou as assembleias populares em Vermont descobriu que entre 1970 e 1994 foram realizadas 1.215 dessas reuniões em 210 cidadezinhas do tipo de Vermont com menos de 4.500 moradores. Dos livros de registro de 1.129 dessas assembleias, ele chegou à seguinte conclusão:

> ...o número médio de pessoas que assistia a essas reuniões quando a contagem era mais alta era de 139. Dessas pessoas, em média, 45 participaram pelo menos uma vez... Em média, 19% dos votantes elegíveis de uma dessas cidadezinhas estarão presentes numa assembleia popular e 7% dos votantes elegíveis de uma cidadezinha (37% dos assistentes) tomarão a palavra pelo menos uma vez ... A grande maioria das pessoas que tomam a palavra o faz mais de uma vez ... Em média, uma reunião dura aproximadamente quatro horas ... de tempo para deliberações. É o tempo suficiente para dar a cada um dos presentes dois minutos e 14 segundos para falar. Naturalmente, como bem menos das pessoas que assistem tomam a palavra, em média o tempo de cada falante

---

[6] E. F. Schumacher, *Small is Beautiful: A Study of Economics as If People Mattered*, Londres, Blong and Briggs, 1973.

é de quase exatamente cinco minutos ... Ao contrário, como há cerca de quatro vezes mais participantes do que participações, em média uma assembleia popular dá apenas um minuto e 20 segundos para cada participação.[7]

Aparentemente, as assembleias populares não são exatamente modelos da democracia participativa – mas essa não é toda a história. Quando sabem que as questões a tratar são comuns ou indiscutíveis, os cidadãos preferem ficar em casa – e por que não? No entanto, as questões polêmicas os levam à rua. Minha cidadezinha em Connecticut abandonou em grande parte sua tradicional assembleia popular, mas ainda me lembro de questões em que os cidadãos se dividiam seriamente e apareciam em tal número que apinhavam o auditório da *high school*; para os que não haviam conseguido entrar na primeira, era preciso marcar uma segunda reunião, que se mostrava igualmente apinhada. Como ainda hoje acontece em Vermont, as discussões nas assembleias populares não são dominadas pelas pessoas instruídas e ricas. As fortes convicções e a determinação para tomar a palavra absolutamente não são monopolizadas por um único grupo socioeconômico.

Com todas as suas limitações, a democracia de assembleia tem muito a seu favor.

Às vezes o negócio é ser grande

Como já vimos no Capítulo 2, os gregos não fugiam ao dilema. Eles sabiam perfeitamente que o calcanhar de Aquiles do Estado pequeno é sua fragilidade diante de um grande Estado. Por mais criativos e corajosos que fossem na preservação de sua independência, os atenienses não conseguiram evitar a derrota pela superioridade das forças de Filipe da Macedônia, em 322 a.C., nem os séculos de dominação estrangeira que seguiram. Quando o Estado nacional centralizado começou a emergir, as restantes cidades-estado estavam

---

[7] Frank M. Bryan, "Direct Democracy and Civic Competence", *Good Society* 5, 1 (outono de 1995), p. 36-44.

condenadas. A última grande cidade-estado república, Veneza, caiu sem resistência para as forças de Napoleão Bonaparte em 1797; dali em diante, jamais retomou sua independência.

Nos últimos séculos, especialmente no século XX, as limitadas capacidades de unidades pequenas o bastante para se autogovernarem numa democracia de assembleia apareceram muitas e muitas vezes não apenas em questões militares, mas tratando de outras questões, como economia, tráfego, transportes, comunicações, movimentos das pessoas e dos bens, da saúde, do planejamento familiar, da agricultura, do crime, da educação, dos assuntos civis, políticos, dos direitos humanos e uma série de outros interesses importantes.

Na ausência de um cataclismo universal que reduzisse drástica e permanentemente a população do mundo e eliminasse a tecnologia avançada, é impossível prever um mundo em que desapareceram todas as grandes unidades políticas, *inteiramente* substituídas por unidades políticas completamente independentes, com populações tão pequenas (digamos, no máximo, com menos de 50 mil pessoas) que seus cidadãos pudessem se governar e prefeririam se governar exclusivamente por um sistema de democracia de assembleia. Para piorar tudo, um mundo de unidades pequenas e completamente independentes com toda a certeza seria instável, pois seria preciso que umas poucas unidades se juntassem e se empenhassem em agressão militar, tomando uma unidade pequena depois da outra, para estar criado um sistema grande demais para o governo de assembleia. Para democratizar essa nova unidade maior, os reformadores (ou revolucionários) democráticos teriam de reinventar a democracia representativa.

O lado sombrio: a negociação entre as elites

Com todas as suas vantagens, o governo representativo tem um lado sombrio. A maioria dos cidadãos que vivem em países democráticos tem consciência dele, em geral o aceitam como parte do preço a pagar pela representação.

O lado sombrio é o seguinte: sob um governo representativo, muitas vezes os cidadãos delegam imensa autoridade arbitrária para decisões de importância extraordinária. Não delegam autoridade apenas a seus representantes eleitos, mas, num trajeto ainda mais indireto e tortuoso, a autoridade é delegada a administradores, burocratas, funcionários públicos, juízes e, em grau ainda maior, a organizações internacionais. Há um processo ligado a instituições da democracia poliárquica que ajuda os cidadãos a exercer influência sobre a conduta e as decisões de seu governo: *a negociação entre as elites políticas e burocráticas.*

A negociação da elite ocorre dentro dos limites impostos pelas instituições e pelos processos democráticos. Em geral, são limites muito amplos, a participação e o controle popular nem sempre são vigorosos, e as elites políticas e burocráticas possuem enorme discernimento. Apesar dos limites para o controle popular, as elites políticas nos países democráticos não são déspotas sem controle. Longe disso. As eleições periódicas obrigam-nos a manter um olho na opinião do povo. Além do mais, quando chegam a decisões, as elites políticas e burocráticas são influenciadas e refreadas umas pelas outras. A negociação das elites tem seus próprios pesos e contrapesos. Os representantes eleitos participam da negociação até o ponto em que são um canal através do qual os desejos, os objetivos e os valores populares entram nas decisões governamentais. As elites políticas e burocráticas nos países democráticos são poderosas, bem mais poderosas do que podem ser os cidadãos comuns – mas elas não são déspotas.

Organizações internacionais podem ser democráticas?

Até aqui nos preocupamos com as possibilidades da democracia em unidades de escala menor do que um país ou nação-estado. E quanto às unidades de maior escala ou pelo menos uma escala muito diferente – as organizações internacionais?

No final do século XX, os países democráticos passaram a sentir cada vez mais as consequências da internacionalização – econômica, cultural, social, política, burocrática, militar. O que reserva o futuro para a democracia? Ainda que os governos de países democráticos independentes entreguem grande parte de seu poder a algum tipo de governo internacional, o processo democrático não passará simplesmente a um nível internacional? Se é assim, conforme são democratizados os emergentes governos internacionais, os valores democráticos não enfraquecerão e talvez até se aperfeiçoem.

Podemos tomar uma analogia da história. Como vimos no Capítulo 2, o *locus* original da ideia e da prática da democracia foi a cidade-estado. No entanto, as cidades-estado não poderiam se opor à força crescente dos Estados nacionais. Ou as cidades-estado deixariam de existir com identidade própria ou, como aconteceu com Atenas e Veneza, tornam-se governos locais subordinados ao governo do país. No século XXI, será que os governos nacionais não parecerão simplesmente governos locais subordinados a governos democráticos internacionais?

Afinal de contas, poderíamos dizer, a subordinação de governos locais menores a um governo nacional não significou o fim da democracia. Ao contrário, a democratização de governos nacionais não apenas estendeu imensamente os domínios da democracia, mas abriu um importante espaço para os processos democráticos nas unidades subordinadas – vilas, cidades, cantões, estados, províncias, regiões, e assim por diante. Assim, nessa visão, a dificuldade não está em deter a internacionalização em suas trilhas, o que é impossível. A dificuldade é democratizar as organizações internacionais.

Para meu pesar, sou forçado a concluir que essa visão é exageradamente otimista, por mais atraente que seja para qualquer um que valorize a democracia. Mesmo nos países em que as instituições e as práticas democráticas existem há muito tempo e estão consolidadas, é dificílimo que os cidadãos exerçam um controle eficaz sobre inúmeras questões essenciais nas relações exteriores. Esse controle é bem mais difícil em organizações internacionais.

A União Europeia nos oferece um bom exemplo. Ali, estruturas nominalmente democráticas, como eleições populares e um parlamento, estão *pro forma* em seu devido lugar. Não obstante, virtualmente todos os observadores concordam que permanece um gigantesco "déficit democrático". Decisões importantes são tomadas, principalmente, por meio de negociações entre as elites políticas e burocráticas. Os limites não são impostos por meio de processos democráticos, mas, sobretudo, pela concordância obtida pelos negociadores, levando em conta as prováveis consequências para os mercados nacionais e internacionais. A negociação, a hierarquia e os mercados determinam os resultados. Os processos democráticos praticamente têm apenas o papel de ratificar esses resultados.

Se as instituições democráticas são em geral ineficazes no governo da União Europeia, as perspectivas para a democratização de outros sistemas internacionais parecem ainda mais remotas. Para obter um controle popular que esteja em algum ponto próximo ao controle já existente nos países democráticos, as organizações internacionais teriam de resolver, da melhor maneira, diversos problemas que estejam sendo tratados nesses países. Os líderes políticos teriam de criar instituições políticas que proporcionassem participação, influência e controle político de eficácia mais ou menos equivalente à existente em países democráticos. Para aproveitar essas oportunidades, os cidadãos teriam de estar mais ou menos interessados e informados sobre as decisões políticas das organizações internacionais bem como sobre as decisões do governo de seus países. Para os cidadãos estarem informados, as elites da política e da comunicação teriam de discutir publicamente as alternativas, de maneira que envolvesse a atenção e as emoções do público. Para assegurar o debate público, seria preciso criar um equivalente internacional à competição política nacional de partidos e pessoas em busca do posto. Os representantes eleitos ou seus equivalentes funcionais (sejam quais forem) teriam de exercer controle sobre importantes burocracias internacionais mais ou menos tão bem quanto o fazem os legislativos e os executivos nos países democráticos.

A maneira como os representantes de um hipotético corpo de cidadãos internacionais seriam distribuídos entre povos de países diferentes traz mais um problema. Dadas as imensas diferenças na magnitude das populações de países diferentes, nenhum sistema de representação conseguiria dar igual peso ao voto de todos os cidadãos, evitando que os votos dos países grandes superassem com vantagem os pequenos – assim, todas as soluções aceitáveis para as democracias menores negarão a igualdade política entre os membros do *demos* maior. Como acontece nos Estados Unidos e em outros sistemas federais, as soluções aceitáveis podem ser costuradas como uma colcha de retalhos, como a feita para a União Europeia. Em todo caso, seja qual for a solução conciliatória alcançada, ela facilmente poderia se tornar fonte de tensões internas, especialmente na ausência de uma forte identidade comum.

A tensão é ainda mais provável porque a maioria das decisões nas democracias nacionais tende a ser considerada prejudicial para os interesses de algumas pessoas, o mesmo podendo acontecer nas organizações internacionais – como eu já disse. O peso maior de algumas decisões poderá recair sobre determinados grupos, países ou regiões. Para sobreviver a essas tensões, uma cultura política apoiando específicas instituições ajudaria – e talvez fosse necessária. Criar e desenvolver uma cultura política toma tempo, talvez gerações. Além do mais, se as decisões políticas forem amplamente aceitáveis e válidas entre os perdedores, provavelmente teria de surgir alguma identidade comum equivalente à existente em países democráticos.

Parece-me altamente improvável que todas essas exigências essenciais para a democratização de organizações internacionais sejam satisfeitas. E, se as exigências não forem satisfeitas, por que processo serão tomadas as decisões internacionais? Creio que por meio de negociações entre as elites políticas e burocráticas: superintendentes de grandes companhias, ministros, diplomatas, burocratas dos governos e de organizações não governamentais, líderes empresariais e afins. Embora os processos democráticos de vez em quando consigam determinar os limites exteriores dentro dos quais as elites realizam suas negociações, chamar de "democráticas" as práticas políticas dos sistemas internacionais seria roubar todo o significado da expressão.

Uma sociedade pluralista vigorosa nos países democráticos

É improvável que a democracia passe ao nível internacional, mas é importante ter sempre em mente que todo país democrático precisa de unidades menores. Num país moderno, essas unidades são variadíssimas. Até os menores países democráticos exigem governos municipais. Países maiores poderão ter outro tipo de unidades: distritos, condados, estados, províncias, regiões, e assim por diante. Por menor que seja o país na escala mundial, ele precisará de uma série de associações e organizações independentes – ou seja, uma sociedade civil pluralista.

A melhor maneira de governar as menores associações de Estado e sociedade – sindicatos, empresas econômicas, grupos de interesses especializados, organizações educacionais, e assim por diante – não admite uma resposta única. O governo democrático pode não estar justificado em todas as associações; diferenças marcadas na competência podem impor limites legítimos na extensão a que devem ser satisfeitos os critérios democráticos. Mesmo onde a democracia está comprovada, nenhuma forma será necessariamente a melhor.

No entanto, nenhum aspecto não democrático de qualquer governo deveria passar sem um questionamento – seja do Estado e suas unidades ou de associações independentes numa sociedade civil pluralista. Os princípios democráticos sugerem algumas perguntas a fazer sobre o governo de qualquer associação:

- Ao chegar a decisões, o governo da associação garante igual peso ao bem e ao interesse de todas as pessoas ligadas por essas decisões?
- Alguns dos membros da associação estarão mais bem qualificados do que outros para governar, que pudessem receber autoridade plena e definitiva no governo da associação? Se não, será que no governo da associação não deveríamos considerar os membros da associação como iguais políticos?
- Se os membros têm igualdade política, o governo da associação não corresponde aos critérios democráticos? Se corresponde, até que ponto a associação proporciona a seus membros as oportunidades de participação eficaz, igualdade de voto, obtenção de um entendimento esclarecido e exercendo controle final sobre os planos?

Em quase todas (talvez todas) as organizações por toda parte, há algum espaço para alguma democracia. Em quase todos os países democráticos há bastante espaço para mais democracia.

Capítulo 10

Variedades II: constituições

Assim como a democracia vem em tamanhos diferentes, as constituições democráticas vêm em estilos e formas variados. Você poderia muito bem se perguntar se as diferenças nas constituições de países democráticos realmente têm importância... A resposta pode ser *não, sim* e *talvez*. Para explicar por quê, começarei, principalmente, com a experiência da constituição das democracias antigas, países em que as instituições democráticas básicas existiram ininterruptamente desde 1950 – 22 ao todo (Alemanha, Austrália, Áustria, Bélgica, Canadá, Costa Rica, Dinamarca, Estados Unidos, Finlândia, França, Irlanda, Islândia, Israel, Itália, Japão, Luxemburgo, Holanda, Noruega, Nova Zelândia, Reino Unido, Suécia, Suíça).[1]

As variações entre eles são suficientes para proporcionar uma boa ideia das possibilidades. Não obstante, os arranjos constitucionais dos países recentemente democratizados não são menos importantes – talvez sejam até mais, porque podem ser decisivos para a vitória da democratização.

Ao descrever as *constituições* e os *arranjos constitucionais*, desejo usar esses termos amplamente, de modo a incluir práticas importantes que talvez não estejam especificadas na constituição, como os sistemas eleitorais e partidários. Minha razão para isto será esclarecida no próximo capítulo.

Quais são as variações importantes nas constituições democráticas e qual sua verdadeira importância?

---

[1] Veja Arend Lijphart, *Democracies: Patterns of Majoritarian and Consensus Government in Twenty-One Countries*, New Haven e Londres, Yale University Press, 1984, Tabela 3.1, p. 38. Acrescentei a Costa Rica à lista.

Variações constitucionais

Escritas ou não escritas?

Uma constituição não escrita pode parecer uma contradição, embora em alguns países se considere que determinadas práticas e instituições consolidadas abrangem um sistema constitucional, mesmo não estando prescritas em um único documento adotado como constituição desse país. Entre as democracias mais antigas (e certamente entre as mais novas), uma constituição não escrita é resultado de circunstâncias históricas bastante incomuns – como aconteceu nos três casos excepcionais da Grã-Bretanha, Israel[2] e Nova Zelândia. Não obstante, constituições escritas tornaram-se uma prática habitual.

Carta de direitos

A constituição inclui uma carta de direitos explícita? Mais uma vez, embora uma carta de direitos constitucionais explícitos não seja universal entre as democracias mais antigas, hoje é a prática habitual. Por razões históricas e devido à ausência de uma constituição escrita, a notável exceção é a Inglaterra (onde, em todo caso, a ideia tem apoio significativo).

Direitos sociais e econômicos?

Embora a constituição norte-americana e as que sobrevivem desde o século XIX nos países democráticos mais antigos geralmente tenham pouco a dizer explicitamente a respeito de direitos sociais e econômicos,[3] as adotadas a partir da Segunda Guerra Mundial

---

[2] Por meio de uma série de leis sancionadas pelo Parlamento reunido com corpo constitucional, Israel tem transformado seus arranjos constitucionais em uma constituição escrita.

[3] Alguns direitos sociais e econômicos foram diretamente acrescentados à Constituição dos Estados Unidos, como aconteceu com a décima terceira emenda,

normalmente os incluem. Não obstante, às vezes os direitos sociais e econômicos prescritos (de maneira até bastante prolixa) são pouco mais do que simbólicos.

Federal ou unitário?

Num sistema federal, os governos de algumas unidades territoriais menores (estados, províncias, regiões) têm a garantia da permanência e razoável autoridade; nos sistemas unitários, sua existência e sua autoridade dependem de decisões tomadas pelo governo nacional. Entre os 22 países democráticos mais antigos, apenas seis são estritamente federais (Alemanha, Austrália, Áustria, Canadá, Estados Unidos, Suíça). Em todos estes seis países, o federalismo é consequência de circunstâncias históricas especiais.[4]

Legislativo unicameral ou bicameral?

Ainda que predomine o bicameralismo, Israel nunca teve uma segunda câmara, e, desde 1950, os quatros países escandinavos, a Finlândia e a Nova Zelândia aboliram suas câmaras superiores.

Revisão judicial?

A corte suprema poderá declarar inconstitucionais as leis promulgadas por um legislativo nacional? Conhecida como revisão judicial, essa prática tem sido um aspecto comum nos países democráticos dotados de sistemas federais, onde é considerada necessária se a constituição nacional prevalecer sobre as leis promulgadas pelos estados,

---

que aboliu a escravidão, ou pela interpretação do Congresso e do Judiciário da décima quarta e décima quinta emendas.

[4] Lijphart, *Democracies*, Tabelas 10.1 e 10.2, p. 174, 178. Por causa da descentralização regional, é razoável acrescentarmos a Bélgica à lista. Como acontece com outros arranjos constitucionais, entre as categorias "federal" e "unitário" há muitas variações.

pelas províncias ou pelos cantões. A questão mais importante é saber se a Corte poderá declarar inconstitucional uma lei promulgada pelo Parlamento *nacional* inconstitucional. A Suíça limita o poder da revisão judicial *apenas* à legislação cantonal. Entretanto, como acabamos de ver, em geral os países democráticos não são federais, e, entre os sistemas unitários, apenas cerca de metade tem alguma forma de revisão judicial. Além do mais, mesmo entre os países em que existe a revisão judicial, a extensão a qual a Corte procura exercer esse poder varia do caso extremo, os Estados Unidos, onde a Suprema Corte às vezes exerce um poder extraordinário, aos países onde o Judiciário tem grande deferência em relação às decisões do Parlamento. O Canadá tem uma variante interessante: é um sistema federal, com uma Corte suprema dotada de autoridade para declarar inconstitucionais tanto as leis federais quanto as provinciais. Contudo, as legislaturas provinciais e o Parlamento federal podem sobrepor-se à decisão da Corte, votando uma segunda vez para fazer passar a lei em questão.

Mandato dos juízes

Vitalício ou com prazo limitado? Nos Estados Unidos, os membros do Judiciário federal (ou seja: nacional) têm mandato vitalício por uma provisão constitucional. A vantagem do mandato vitalício é assegurar aos juízes maior independência das pressões políticas. No entanto, se também tiverem o poder de revisão judicial, seus julgamentos poderão refletir a influência de uma ideologia mais antiga que já não é mais apoiada pelas maiorias da população e do Legislativo. Consequentemente, poderão empregar a revisão judicial para impedir reformas, como fizeram algumas vezes nos Estados Unidos – durante o grande período das reformas de 1933 a 1937, sob a liderança do presidente Franklin Delano Roosevelt. Tendo em vista a experiência norte-americana, alguns países democráticos que providenciaram cláusulas explícitas sobre a revisão judicial em constituições escritas depois da Segunda Guerra Mundial rejeitaram o mandato vitalício e preferiram mandatos limitados, embora longos – como aconteceu na Alemanha, na Itália e no Japão.

Referendos?

Referendos nacionais são possíveis ou, no caso de emendas constitucionais, talvez obrigatórios? A Suíça proporciona um exemplo limite: ali, os referendos para tratar de questões nacionais são permitidos, obrigatórios por emenda constitucional e frequentes. No outro extremo, a Constituição dos Estados Unidos não prevê referendos (e jamais houve qualquer referendo nacional no país), embora sejam comuns em diversos estados. Por outro lado, em mais da metade das democracias mais antigas houve pelo menos um referendo.

Presidencialismo ou parlamentarismo?

Num sistema presidencialista, o chefe do Executivo é eleito independentemente do Legislativo e, pela Constituição, é investido de grande poder. Num sistema parlamentarista ou de gabinete, o chefe do Executivo é eleito e pode ser destituído pelo Parlamento. O exemplo clássico de governo presidencialista são os Estados Unidos; o exemplo clássico de governo parlamentarista é a Grã-Bretanha.

O governo presidencialista foi inventado pelos delegados presentes na Convenção Constitucional dos Estados Unidos em 1787. A maioria dos delegados admirava a Constituição britânica (não escrita) por sua "separação dos poderes" em um Judiciário independente tanto do Legislativo quanto do Executivo; um Legislativo (o Parlamento) independente do Executivo; e um Executivo (a monarquia) independente do Legislativo. Os delegados procuravam emular as virtudes da Constituição britânica, mas a monarquia estava completamente fora de questão: viram-se perplexos com o problema do Executivo. Sem nenhum modelo histórico importante a utilizar como base, lutaram com a questão por quase dois meses, antes de encontrar a solução.

Embora aquela convenção tenha sido uma extraordinária reunião de talentos constitucionalistas, a passagem do tempo dotou os delegados de uma visão de futuro bem maior do que nos revelam os registros históricos ou do que a falibilidade do ser humano nos permitiria imaginar. Como acontece com muitas invenções, os criadores do sistema presidencialista dos Estados Unidos (ou melhor, do sistema presidencialista e congressista) não poderiam prever a evolução de sua ideia no decorrer dos 200 anos seguintes. Também não poderiam prever que o governo parlamentarista se desenvolveria como solução alternativa e amplamente adotada pelo mundo afora.

Atualmente, o governo parlamentarista é impensável para os norte-americanos; não obstante, se a Convenção Constitucionalista houvesse ocorrido cerca de 30 anos mais tarde, é muito possível que os delegados houvessem proposto um sistema parlamentar. Em relação ao Parlamento, nem eles nem os observadores britânicos perceberam que o próprio sistema constitucional britânico passava por uma rápida mudança: estava se transformando num sistema parlamentarista em que a autoridade do Executivo estaria efetivamente nas mãos do primeiro-ministro e do gabinete, não com o monarca. Embora nominalmente escolhido pelo monarca, o primeiro-ministro seria na verdade escolhido pela maioria no Parlamento (em seu devido tempo, na Câmara dos Comuns) e permaneceria no posto apenas enquanto detivesse o apoio da maioria parlamentar. Por sua vez, o primeiro-ministro escolheria os outros membros do gabinete. Esse sistema já funcionava praticamente assim desde mais ou menos 1810.

Na maior parte dos países democráticos estáveis de hoje, em que as instituições democráticas evoluíram durante os séculos XIX-XX e resistiram, variantes do governo parlamentarista (não do presidencialista) tornaram-se o arranjo constitucional aceito.

Sistema eleitoral?

Precisamente *como* são distribuídos os assentos no Legislativo nacional em proporção às preferências dos que votam nas eleições? Por exemplo, um partido cujos candidatos obtêm cerca de 30% dos votos em uma eleição conquistará uma quantidade de assentos próxima a esses 30%? Conquistariam algo em torno de 15% desses assentos? Ainda que a rigor o sistema eleitoral não precise estar especificado na "constituição", como afirmei anteriormente, é bom considerá-lo parte do sistema constitucional, devido à maneira como os sistemas eleitorais interagem com outras partes da Constituição. Mais sobre essa questão no próximo capítulo.

A lista das alternativas poderia ser bem mais estendida; basta mostrar que os arranjos constitucionais entre as antigas democracias variam bastante. As variações que mencionei até aqui são muito gerais; se passássemos para um nível mais concreto de observação, descobriríamos maiores diferenças.

Até aqui, você poderia concluir que as constituições dos países democráticos diferem em pontos importantes. Será que essas variações tornam algumas constituições *melhores* – ou, quem sabe, *mais democráticas...*? Existirá algum tipo melhor de Constituição democrática?

Essas questões levantam mais uma: como deveríamos avaliar a relativa conveniência de diferentes constituições? É evidente que precisamos ter alguns critérios.

Como as constituições fazem diferença

As constituições poderiam importar para a democracia de um país de muitas maneiras.

Estabilidade

Uma constituição poderia ajudar a proporcionar *estabilidade* às instituições políticas básicas descritas no Capítulo 8. Ela não apenas estabeleceria uma estrutura democrática de governo, mas também asseguraria todos os necessários direitos e garantias que exigem as instituições políticas básicas.

Direitos fundamentais

Uma constituição protegeria os direitos da maioria e das minorias. Ainda que nela esteja implicitamente incluído esse critério, é bom dar especial atenção aos direitos e deveres básicos que proporcionam garantias para as maiorias e as minorias, devido às variações entre as constituições democráticas.

Neutralidade

Uma constituição manteria a neutralidade entre os cidadãos do país. Com as garantias e os direitos fundamentais assegurados, os arranjos constitucionais também assegurariam que o processo legislativo não favoreça nem penalize as ideias ou os interesses legítimos de qualquer cidadão ou grupo de cidadãos.

Responsabilidade

A Constituição poderia ser planejada para habilitar os cidadãos a atribuírem aos líderes políticos a responsabilidade por suas decisões, ações e conduta dentro de um período "razoável".

Representação justa

O que constitui uma "representação justa" é tema de interminável controvérsia, em parte devido aos dois critérios que apresento a seguir.

Consenso bem informado

Uma constituição ajudaria os cidadãos e os líderes a obter um consenso baseado na boa informação sobre leis e políticas. Ela poderia criar oportunidades e incentivos para os líderes políticos se empenharem em negociações, acertos e coalisões que facilitassem a conciliação de variados interesses. Mais sobre essa questão nos próximos capítulos.

Governo eficaz

Por eficácia entendo a competência com que são tratados os problemas e as questões importantes a enfrentar, para os quais os cidadãos acreditem ser necessária a ação do governo. Um governo eficaz é especialmente importante nos momentos de grande emergência trazidos pela guerra, pela ameaça de guerra, pela grave tensão internacional, por sérias dificuldades econômicas e crises semelhantes. Sua competência também é necessária em períodos mais comuns, quando importantes questões encabeçam os planos de cidadãos e líderes. Em curto prazo, às vezes um governo não democrático corresponderá melhor a esse critério do que um governo democrático, embora isso em geral não aconteça num prazo maior. De qualquer maneira, estamos preocupados com governos que funcionam dentro dos confins da democracia. Dentro desses limites, parece razoável desejar um sistema constitucional dotado de cláusulas que desestimulem impasses demorados, atraso ou evitamento de grandes questões, ao mesmo tempo estimulando a ação para resolvê-las.

Decisões competentes

Um governo eficaz é desejável, mas não poderíamos admirar uma constituição que favoreça a ação resoluta e decisiva, impedindo que o governo utilize o conhecimento disponível para solucionar os problemas urgentes do país. A ação decisiva não substitui a política inteligente.

Transparência e abrangência

Com este par de critérios quero dizer que a operação do governo deve ser suficientemente aberta para a visão do público e simples o bastante em sua essência para que os cidadãos entendam prontamente o que ele faz e como está agindo. A atuação do governo não deve ser tão complexa que os cidadãos não consigam entender o que acontece – e, se eles não entenderem seu governo, não poderão atribuir responsabilidades a seus líderes, especialmente nas eleições.

Flexibilidade

Um sistema constitucional não precisa ser tão rígido ou tão imutável em seu texto e em sua tradição que não permita a adaptação a novas situações.

Legitimidade

Satisfazer aos dez critérios anteriores certamente seria boa parte do caminho para garantir a sobrevivência de uma constituição de suficiente legitimidade e lealdade entre os cidadãos e as elites políticas. Não obstante, em um determinado país, certos arranjos constitucionais seriam mais compatíveis do que em outros, com normas tradicionais de legitimidade mais disseminadas. Por exemplo, embora possa parecer paradoxal a muitos republicanos, manter um monarca na chefia de um Estado, adaptando a monarquia às exigências da poliarquia, conferiu maior legitimidade às constituições democráticas nos países escandinavos, na Holanda, na Bélgica, no Japão, na Espanha e na Inglaterra. Em compensação, na maioria dos países democráticos, qualquer tentativa de misturar um monarca com a chefia do Estado provocaria um impacto nas convicções republicanas disseminadas. Assim, a proposta de Alexander Hamilton, na Convenção Constitucional norte-americana de 1787, a favor de um executivo com mandato vitalício – um monarca "eleito" –, foi rejeitada praticamente sem questionamento. Elbridge Gerry, outro delegado presente na Convenção, observou:
— Não havia um milésimo de nossos compatriotas que não fosse contra qualquer ideia de monarquia.[5]

---

[5] Segundo as notas de Madison, num longo discurso a 18 de junho de 1787, Hamilton observou: "Com relação ao Executivo, parecia admissível que nenhum bom poderia ser estabelecido sobre os princípios republicanos ... O modelo inglês era o único bom nesse aspecto. Deixe-se um ramo do Legislativo manter seu posto pela vida inteira ou, pelo menos, enquanto tiver bom comportamento. Deixemos o Executivo ser também vitalício". Veja Max Farrand, ed., *The Records of the Federal Convention of 1787*, v. 1, New Haven, Yale University Press, 1966, p. 289. O comentário de Gerry do dia 26 de junho está na p. 425.

Quanta diferença fazem as diferenças?

Diferenças constitucionais desse tipo têm realmente alguma importância? Para responder a essa pergunta, devemos acrescentar mais dois conjuntos de evidências às dos 22 países democráticos mais antigos. Podemos extrair uma série de experiências das democracias "mais novas" – países em que as instituições democráticas básicas foram estabelecidas e mantidas durante a segunda metade do século XX. Por outro lado, temos a história trágica e esclarecedora de países em que as instituições democráticas foram estabelecidas em algum ponto no século XX, mas foram rompidas, e eles se sujeitaram a um regime autoritário – pelo menos por algum tempo.

Embora essas três abundantes fontes de comprovação não tenham sido plenamente investigadas ou analisadas, acredito que apresentem interessantes conclusões.

Para começar, cada uma das alternativas anteriormente enumeradas existiu em pelo menos uma democracia estável. Portanto, é perfeitamente razoável, e até logicamente necessário, concluir que existem muitos arranjos constitucionais compatíveis com as instituições políticas básicas da democracia poliárquica descrita no Capítulo 8. Parece que as instituições políticas da democracia poliárquica podem assumir muitas formas...

Por que isso acontece? Determinadas condições subjacentes altamente favoráveis à estabilidade das instituições democráticas básicas (discutidas no Capítulo 12) prevaleceram em todas essas democracias mais antigas bastante estáveis. Dadas essas condições favoráveis, as variações constitucionais, como as descritas, não têm nenhum grande efeito sobre a *estabilidade* das instituições democráticas básicas. A julgar apenas por esse critério, as variações que descrevi não parecem importar muito. Assim, dentro de vastos limites, os países democráticos têm uma ampla escolha de constituições.

Ao contrário, onde as condições subjacentes são altamente desfavoráveis, é improvável que a democracia venha a ser preservada com *qualquer* projeto constitucional.

Com um leve exagero, poderíamos resumir assim os dois primeiros pontos:

Se as condições subjacentes são altamente favoráveis, a estabilidade é provável com praticamente qualquer tipo de constituição que o país adotar. Se as condições forem altamente desfavoráveis, *nenhuma* constituição salvará a democracia.

Não obstante, há uma terceira possibilidade mais interessante: num país onde as condições não são altamente favoráveis nem altamente desfavoráveis, e sim mistas – de modo que a democracia é incerta, mas absolutamente não impossível –, a escolha do projeto constitucional poderia ter importância. Em suma: se as condições forem mistas em um país – algumas favoráveis e outras desfavoráveis –, *uma constituição bem planejada ajudaria as instituições democráticas a sobreviver,* ao passo que *uma constituição mal elaborada poderia contribuir para o rompimento das instituições democráticas.*

Por fim, por mais decisiva que seja, a estabilidade não é o único critério importante. Se tivéssemos de julgá-los por outros critérios, os arranjos constitucionais poderiam ter graves consequências mesmo nos países em que as condições são altamente favoráveis para a estabilidade democrática. E realmente são... Elas moldam as instituições políticas concretas dos países democráticos: executivos, legislaturas, judiciários, sistemas partidários, governos locais, e assim por diante. Por sua vez, a forma dessas instituições teria importantes consequências para a justiça da representação na legislatura ou na eficácia do governo e, como resultado, poderia até mesmo afetar a legitimidade do governo. Nos países em que as condições são mistas e as perspectivas para a estabilidade democrática um tanto incertas, essas variações poderiam ser excepcionalmente importantes.

Examinaremos as razões para isso no próximo capítulo.

Capítulo 11

Variedades III: partidos e sistemas eleitorais

Provavelmente, nenhuma instituição política molda a paisagem política de um país democrático mais do que seu sistema eleitoral e seus partidos. Nenhuma apresenta variedade maior. As variações são imensas, a tal ponto que um cidadão, conhecedor do sistema partidário e dos arranjos eleitorais de seu país, poderá achar incompreensível o panorama político de outro país ou, se compreensível, nada atraente. Para o cidadão de um país em que apenas dois partidos políticos disputam as eleições, o país dotado de inúmeros partidos parecerá um caos político. Para o cidadão de um país multipartidário ter apenas dois partidos políticos para escolher parecerá uma camisa de força. Se cada um examinar o sistema partidário do outro país, as diferenças parecerão ainda mais confusas.

Como podemos explicar essas variações? Alguns sistemas partidários ou eleitorais serão mais democráticos ou melhores do que outros em determinados aspectos?

Comecemos com as principais variações nos sistemas eleitorais.

Os sistemas eleitorais

Há infinitas variações de sistemas eleitorais.[1] Uma razão para tanta diversidade é o fato de que nenhum poderá satisfazer todos

---

[1] Como afirma um excelente estudo, as variações são "incontáveis". O mesmo estudo diz que, "essencialmente, elas se dividem em nove principais sistemas,

os critérios pelos quais seria razoável qualquer julgamento. Como sempre, é preciso haver negociações. Se escolhemos um sistema, obteremos alguns valores – mas à custa de outros.

Por que isso acontece? Para uma resposta de tolerável brevidade, reduzirei a frustrante série de possibilidades a apenas duas:

Representação proporcional

Entre as democracias mais antigas, o sistema eleitoral mais comum foi deliberadamente criado para produzir uma correspondência bastante aproximada entre a proporção do total de votos lançados para um partido nas eleições e a proporção de assentos que o partido obtém na legislatura. Por exemplo, um partido com 53% dos votos ganhará 53% dos assentos. Esse tipo de arranjo, em geral, é conhecido como sistema de *representação proporcional* – ou *RP*.

First-past-the-post *ou* FPTP

Se os sistemas de representação proporcional foram criados para satisfazer um teste de justiça, poderíamos supor que todos os países democráticos o adotassem. Contudo, alguns não o fizeram. Em vez disso, preferiram manter arranjos eleitorais que podem aumentar imensamente a proporção de assentos conquistados pelo partido com o maior número de votos. Digamos, um partido com 53% dos votos poderá ter 60% dos assentos. Na variante desse sistema utilizada na Inglaterra e nos Estados Unidos, é escolhido um só candidato de cada distrito; vence o candidato que tiver o maior número de votos. Devido à analogia com corridas de cavalos, é chamado de sistema *first-past-the-post* – ou *FPTP*.

---

que recaem em três grandes famílias". Andrew Reynolds e Ben Reilly, eds., *The International IDEA Handbook of Electoral System Design*, 2. ed., Estocolmo, Instituto Internacional para a Democracia e Assistência Eleitoral, 1997, p. 17. As três "grandes famílias" têm maioria relativa de votos, representação semiproporcional e representação proporcional. Para maiores detalhes, veja o Apêndice A.

Palavras sobre palavras

Nos Estados Unidos, em geral esse tipo de arranjo é chamado de *sistema de pluralidade*, porque o candidato com uma pluralidade (não necessariamente a maioria) de votos é o vencedor. Os cientistas políticos muitas vezes se referem a este como sistema de "distritos de um só membro com uma pluralidade de eleições" – um título mais literal, mas excessivamente prolixo. *First-past-the-post* é o nome usado na Inglaterra; é o que adotarei aqui.

RP x FPTP

Como indiquei anteriormente, continua-se a discutir que tipo de sistema eleitoral satisfaz melhor a exigência de que as eleições devem ser livres e *justas*. Os críticos do FPTP alegam que, em geral, ele falha no teste da representação justa; às vezes, falha seriamente nesse critério. Por exemplo, nas eleições parlamentares da Inglaterra em 1977, o Partido Trabalhista conquistou 64% dos assentos no Parlamento – a maior maioria na história parlamentar moderna; no entanto, essa conquista deveu-se a apenas 44% dos votos. O Partido Conservador, com 31% dos votos, ganhou apenas 25% dos assentos, e os azarados democratas liberais, que tiveram o apoio de 17% dos votantes, terminaram com apenas 7% dos assentos! (Os candidatos dos outros partidos ganharam um total de 7% dos votos e 4% dos assentos.)

Como acontece essa diferença entre a porcentagem de votos para um partido e a porcentagem de assentos? Imagine um sistema democrático minúsculo, com apenas mil membros divididos entre dez distritos iguais; de cada um desses distritos os eleitores escolhem apenas um representante para o corpo legislativo. Imagine agora que em nossa pequena democracia 510 eleitores (51% do total) votam para o Partido Azul e 490 (ou 49%) para o Partido Vermelho. Suponhamos então (por mais improvável que pareça) que o apoio para cada um deles é perfeitamente uniforme em toda a nossa minidemocracia: cada um dos dez distritos tem 51 eleitores do Azul e 49 do Vermelho. Como terminaria a eleição? O Partido Azul vence em todos os distritos e assim conquista 100% dos assentos e uma "maioria" de dez a zero no Parlamento (Tabela 2, Exemplo 1)! Poderíamos ampliar o sistema, incluindo um país inteiro, e aumentar imensamente o número de distritos. O resultado permaneceria o mesmo.

É razoável ter a certeza de que nenhum país democrático manteria o FPTP sob tais condições. Esse resultado estranho – e nenhum pouco democrático – não acontece porque o apoio do partido *não* é uniformemente distribuído pelo país: em alguns distritos, os Azuis talvez tenham 65% dos votantes, em outros podem ter apenas 40%, e os Vermelhos ali têm os 60% restantes. Os distritos variam em torno da média nacional. Para uma ilustração hipotética, examine o Exemplo 2 da Tabela 2.

Tabela 2: Ilustração hipotética do sistema eleitoral *First-Past-the-Post*

Há dez distritos, cada um com cem votantes, divididos entre os dois partidos (Azul e Vermelho), conforme vemos a seguir.

EXEMPLO 1. O apoio aos partidos é uniforme

Distrito	Números de votos		Assentos conquistados	
	Azuis (número)	Vermelhos (número)	Azuis	Vermelhos
1	51	49	1	0
2	51	49	1	0
3	51	49	1	0
4	51	49	1	0
5	51	49	1	0
6	51	49	1	0
7	51	49	1	0
8	51	49	1	0
9	51	49	1	0
10	51	49	1	0
Total	510	490	10	0

EXEMPLO 2. O apoio aos partidos não é uniforme

Distrito	Números de votos		Assentos conquistados	
	Azuis (número)	Vermelhos (número)	Azuis	Vermelhos
1	55	45	1	0
2	60	40	1	0
3	40	60	0	1
4	45	55	0	1
5	52	48	1	0
6	51	49	1	0
7	53	47	1	0
8	45	55	0	1
9	46	54	0	1
10	55	45	1	0
Total	502	498	6	4

Assim, está evidente que, para que o FPTP resulte em representação aceitavelmente justa, o apoio ao partido *não* deve ser uniformemente distribuído pelo país. Inversamente, quanto mais uniforme a distribuição do apoio dos votos, maior será a divergência entre os votos e os assentos conquistados. Portanto, se as diferenças regionais diminuem no país, como aconteceu na Inglaterra em 1997, aumenta a distorção FPTP.

Se assim é, então por que os países democráticos que usam o sistema FPTP mudam para a RP? Por isso, não podemos ignorar o peso da história e da tradição em países como a Inglaterra e os Estados Unidos, onde esse sistema prevaleceu desde o início do governo representativo. Os Estados Unidos são um exemplo de primeira classe. O sistema FPTP norte-americano pode privar uma boa maioria de afro-americanos da representação justa nos legislativos estaduais e no Parlamento nacional. Para se certificarem de que os eleitores afro--americanos possam conquistar pelo menos alguns representantes em seu Legislativo estadual ou no Congresso, os juízes e os legislativos às vezes riscaram as fronteiras do distrito de modo a formar uma área de maioria afro-americana. A forma do distrito resultante muitas vezes não tem relação alguma com a geografia, a economia ou a história. Num sistema RP, se preferirem votar em candidatos afro-americanos, os afro-americanos seriam representados em proporção a seus números: num estado em que, digamos, 20% dos eleitores fossem negros, eles teriam certeza de preencher cerca de 20% dos assentos com afro-americanos, se fosse esta sua preferência.

Contudo, se assim for, por que a RP não foi adotada como solução? Principalmente porque a hostilidade à RP é tão disseminada nos Estados Unidos, que nem os legislativos nem os juízes a levam a sério, como possível alternativa à *gerrymandering** racial.

Palavras sobre palavras

Gerrymandering – ou a divisão arbitrária de distritos eleitorais para fins estritamente políticos – é uma velha prática usada nos Estados Unidos. Seu nome vem de Elbridge Gerry, que encontramos em capítulo anterior como delegado à Convenção Constitucional norte-americana. Eleito governador de Massachussetts, em 1812, Gerry redesenhou as fronteiras do distrito para os representantes ao Legislativo do estado que ajudaram os democratas a manter a maioria. Quando alguém observou que um distrito tinha a forma de uma salamandra (*salamander*, em inglês), um crítico disse que ele parecia mais uma *Gerrymander* (ou "Gerrymandra"). A palavra *gerrymander* e sua forma verbal, *to gerrymander* [em português, mais ou menos "gerrymandrejar"], depois entraram no vocabulário dos norte-americanos.

Preconceitos históricos a favor do sistema FPTP são escorados por argumentos mais razoáveis. Na visão dos que o apoiam, sua tendência para amplificar a maioria do partido vencedor no Legislativo tem duas consequências desejáveis.

---

* Expressão inglesa, intraduzível, que significa o ato de criar, arbitrariamente, três anos de influência eleitoral de modo a garantir a vitória de um candidato ou partido. (N. do E.).

Sistemas bipartidários x multipartidários

É comum defenderem o FPTP justamente porque ele cria obstáculos para terceiros partidos e, com isso, ajuda a criar os sistemas bipartidários muito admirados especialmente nas democracias de fala inglesa – que também não gostam e denigrem os sistemas multipartidários. Qual será o melhor?

Uma enorme discussão gira em torno das virtudes relativas desses dois sistemas. De modo geral, as vantagens de cada um refletem suas desvantagens. Por exemplo, uma vantagem do sistema bipartidário é dar peso menor aos eleitores, simplificando suas opções, que se reduzem a duas. Contudo, do ponto de vista de quem defende a RP, essa redução drástica das alternativas disponíveis debilita seriamente a liberdade de escolha dos eleitores. As eleições podem ser perfeitamente livres, diriam os defensores da RP – mas com certeza não são nada justas, porque negam às minorias a representação.

Governo eficaz

Os defensores dos sistemas bipartidários também apoiam o FPTP porque há mais uma consequência. Ao amplificar a maioria legislativa do partido vencedor, o FPTP torna mais difícil para o partido minoritário a formação de uma coalisão capaz de impedir que o partido da maioria concretize seu programa – ou, como diriam os líderes da maioria, seu "mandato popular". Com a maioria amplificada no Legislativo, os líderes partidários normalmente terão votos de sobra, mesmo que alguns membros passem para a oposição. Assim, diz o argumento, o FPTP ajuda os governos a corresponder ao critério da eficácia. Em compensação, em alguns países, a RP ajudou a produzir tantos partidos e alianças rivais e conflitantes no Parlamento, que as coalisões da maioria são dificílimas de formar e muitíssimo instáveis. Como resultado, a eficácia do governo é bastante reduzida. A Itália é muito citada como exemplo.

Não obstante, os defensores do FPTP, em geral, ignoram que em alguns países com sistemas de RP grandes programas de reforma foram votados por maiorias parlamentares estáveis, muitas vezes consistindo de uma coalisão de dois ou três partidos. Muitas democracias com sistemas de RP, como a Holanda e os países escandinavos, são verdadeiros modelos de reforma pragmática combinada com a estabilidade.

Algumas opções básicas para as constituições democráticas

Agora vemos por que a reforma de uma constituição ou a criação de uma nova deve ser levada muito a sério. É uma tarefa tão difícil e complexa quanto o projeto de uma nave tripulada para a sondagem do universo. Assim como nenhuma pessoa sensível entregaria a um amador o projeto de uma nave espacial, uma constituição exigirá os melhores talentos de um país. Ao contrário das naves espaciais, importantes inovações constitucionais requerem a concordância e o consentimento dos governados para resistir.

As principais opções constitucionais e as diversas possibilidades de combiná-las apresentam uma formidável série de alternativas. Por enquanto não precisarei repetir minha advertência de que toda alternativa geral permite uma variedade quase ilimitada de escolhas mais específicas. Entretanto, examine com prudência algumas orientações para pensar nas alternativas constitucionais.

Comecemos com as cinco possíveis combinações de sistemas eleitorais e chefes do Executivo:

A opção do continente europeu: governo parlamentar com eleições de RP. O governo parlamentar é a opção dominante das democracias mais antigas e, entre essas, predomina sobre o governo presidencialista.[2] A combinação favorita entre as democracias mais antigas, como vimos, é o sistema parlamentar em que os membros são eleitos em algum sistema de representação proporcional. Como esta

---

[2] A propósito, o fato de um país ser federal ou unitário não tem nada a ver em especial com sua escolha entre os sistemas presidencialista ou parlamentarista. Dos sistemas federais entre as democracias mais antigas, quatro são parlamentaristas (Alemanha, Austrália, Áustria e Canadá), enquanto apenas os Estados Unidos são presidencialistas e a Suíça é um híbrido singular. Assim, podemos descontar o federalismo como fator determinante na escolha entre presidencialismo e parlamentarismo.

combinação é a predominante na Europa (onde as novas democracias também a adotaram), eu a chamarei de "opção do continente europeu".

A opção inglesa (ou Westminster*): governo parlamentar com eleições FPTP.* Devido a suas origens e ao fato de ser prevalecente nas democracias de fala inglesa, além dos Estados Unidos, eu a chamarei de *opção inglesa* – também chamada "modelo Westminster", por causa da sede do governo britânico. Apenas quatro das democracias antigas mantêm esta solução há muitíssimo tempo: Inglaterra, Canadá, Austrália e Nova Zelândia – que a abandonou em 1993.[3]

A opção dos Estados Unidos: governo presidencialista com eleições FPTP. Os Estados Unidos são a única das democracias mais antigas que ainda utiliza esta combinação, daí o nome. Meia dúzia das democracias mais novas também escolheram esse arranjo.

A opção latino-americana: governo presidencialista com eleições de representação proporcional. Os países latino-americanos seguiram a mesma via constitucional dos Estados Unidos, preferindo o governo presidencialista. Durante a segunda metade do século XX, em geral optaram pela representação proporcional, seguindo o sistema eleitoral europeu. Nos 15 países latino-americanos em que as instituições democráticas estavam mais ou menos estabelecidas no início do século, o modelo constitucional era basicamente uma combinação de governo presidencialista e representação proporcional[4] – por isso, a chamaremos de opção latino-americana.

É impressionante que nenhuma das democracias mais antigas (com exceção da Costa Rica) tenha optado por essa combinação. Ainda que mostrassem forte predisposição para a representação

---

[3] Num referendo acontecido em 1992 e 1993, os neozelandeses rejeitaram o FPTP. No referendo obrigatório de 1993, a maioria adotou um sistema que combina a proporcionalidade com a eleição de alguns membros do Parlamento de distritos e outros de listas dos partidos.

[4] Para detalhes, veja Dieter Nohlen, "Sistemas electorales y gobernabilidad", em Dieter Nohlen, ed., *Elecciónes y sistemas de partidos en America Latina*, San José, Costa Rica, Instituto Interamericano de Derechos Humanos, 1993, p. 391-424. Veja também Dieter Nohlen, ed., *Enciclopedia electoral latinoamericana y del Caribe*, San José, Costa Rica, Instituto Interamericano de Derechos Humanos, 1993. Sem exceções, todos os 12 países em ilhas do Caribe recentemente independentes que haviam sido colônias britânicas adotaram o modelo de Constituição britânica (Westminster).

proporcional, as antigas democracias rejeitaram unanimemente o governo presidencialista. A Costa Rica, única exceção, ao contrário de todos os outros países latino-americanos, é firmemente democrática desde por volta de 1950 – por isso, eu a considero parte das democracias mais antigas. Ao contrário destas, a Costa Rica combina o presidencialismo com a representação proporcional.

A opção mista: outras combinações. Paralelamente, muitas outras democracias criaram arranjos constitucionais bastante distanciados desses tipos mais ou menos "puros" – visando minimizar as consequências indesejáveis e aproveitar suas vantagens. A França, a Alemanha e a Suíça são boas ilustrações dessa criatividade constitucional.

A Constituição da Quinta República francesa prevê um presidente eleito com poder considerável e um primeiro-ministro que depende do Parlamento. A França também modificou o sistema eleitoral FPTP: nas eleições em que nenhum candidato à Assembleia Nacional recebe a maioria dos votos, há uma segunda votação. Nessa segunda eleição, entra qualquer candidato que tenha obtido mais de 12,5% dos votos registrados na primeira. Assim, os pequenos partidos podem tentar conquistar um assento aqui e ali no primeiro turno – mas no segundo turno, eles e seus eleitores podem decidir apoiar um dos dois candidatos mais fortes.

Na Alemanha, metade dos membros do Bundestag é escolhida em eleições do tipo FPTP, e a outra metade, pela representação proporcional. A Itália e a Nova Zelândia adotaram versões da solução alemã.

Para adaptar o sistema político à sua população diversificada, os suíços criaram um executivo pluralista, consistindo de sete conselheiros eleitos para o Parlamento por quatro anos. O Executivo plural suíço permanece único entre as democracias mais antigas.[5]

Algumas orientações sobre as constituições democráticas

A partir das experiências das democracias mais antigas abordadas nos dois últimos capítulos, apresento as seguintes conclusões:

---

[5] E mais novas também. Por alguns anos, o Uruguai teve um Executivo plural, que depois abandonou.

- A maioria dos problemas básicos de um país não pode ser resolvida com um projeto constitucional. Nenhuma Constituição preservará a democracia num país cujas condições sejam altamente desfavoráveis. Um país em que as condições são altamente favoráveis pode preservar suas instituições democráticas básicas sob uma grande variedade de arranjos constitucionais. Entretanto, um projeto constitucional cuidadosamente elaborado pode servir para preservar as instituições democráticas básicas em países cujas condições subjacentes sejam mistas – tanto favoráveis, como desfavoráveis. (Mais sobre isso no próximo capítulo.)
- Por mais essencial que seja, manter a estabilidade democrática fundamental não é o único critério pertinente a uma boa Constituição. Entre outros aspectos, representação justa, transparência, abrangência, sensibilidade e governo eficaz são também importantes. Arranjos constitucionais específicos podem e provavelmente terão consequências para valores como esses.
- Todos os arranjos constitucionais têm algumas desvantagens, nenhuma satisfaz a todos os critérios razoáveis. De um ponto de vista democrático, não existe a Constituição perfeita. Além do mais, a introdução ou a reforma de uma Constituição tende a resultados um tanto incertos. Consequentemente, um projeto ou uma reforma constitucional exige opiniões sobre negociações aceitáveis entre as metas, os riscos e as incertezas da mudança.
- Os norte-americanos desenvolveram uma cultura, uma habilidade e uma prática política durante dois séculos que permitem um funcionamento satisfatório de seu sistema presidencial-congressista com eleições do tipo FPTP, federalismo e forte revisão judicial. Contudo, o sistema norte-americano é complicadíssimo e provavelmente não funcionaria tão bem em qualquer outro país. De qualquer maneira, não foi lá muito copiado. Talvez não devesse mesmo ser copiado.
- Alguns estudiosos afirmam que a combinação latino-americana de presidencialismo e representação proporcional contribuiu para as quebras da democracia, tão frequentes entre as repúblicas das Américas Central e do Sul.[6] Embora seja difícil separar

---

[6] Veja Juan J. Linz e Arturo Valenzuela, eds., *The Failure of Presidential Democracy*, Baltimore, Johns Hopkins University Press, 1994.

os efeitos da forma constitucional das condições adversas que eram as causas subjacentes da polarização e da crise política, talvez fosse mais sensato que os países democráticos evitassem a opção latino-americana...

Movido por seu otimismo em relação à Revolução Francesa e à norte-americana, Thomas Jefferson uma vez disse que seria bom haver uma revolução em cada geração. Essa ideia romântica foi por terra durante o século XX pelas incontáveis revoluções que falharam trágica ou tristemente – ou, pior, produziram regimes despóticos. Mesmo assim, não seria má ideia se um país democrático reunisse mais ou menos uma vez a cada 20 anos um grupo de estudiosos, líderes políticos e cidadãos bem informados para avaliar sua Constituição não apenas à luz da experiência, mas também do corpo de conhecimentos em rápida expansão obtidos de outros países democráticos.

Parte IV

As condições favoráveis e as desfavoráveis

Capítulo 12

Que condições subjacentes favorecem a democracia?

O século XX foi um período de muitos revezes democráticos. Em mais de 70 ocasiões, a democracia entrou em colapso e deu lugar a um regime autoritário.[1] Mas também foi um momento de extraordinário sucesso democrático. Antes de terminar, o século XX transformou-se numa era de triunfo democrático. O alcance global e a influência de ideias, instituições e práticas democráticas tornaram este século, de longe, o período mais florescente para a democracia na história do homem.

Portanto, temos duas questões a enfrentar – ou melhor, a mesma questão, apresentada de duas maneiras. Como se pode explicar o estabelecimento de instituições democráticas em tantos países, em tantas partes do mundo? E como é possível explicar sua falha? Embora seja impossível uma resposta completa, sem a menor dúvida há dois conjuntos de fatores interrelacionados que têm importância decisiva.

---

[1] Criei essa estimativa juntando listas (e eliminando saltos) de dois estudos que usaram critérios um tanto diferentes: Frank Bealey, "Stability and Crisis: Fears About Threats to Democracy", *European Journal of Political Research* 15 (1987), p. 687-715 – e Alfred Stepan e Cindy Skach, "Presidentialism and Parliamentarism in Comparative Perspective", em Juan J. Linz e Arturo Valenzuela, eds., *The Failure of Presidential Government*, Baltimore, Johns Hopkins University Press, 1994, p. 119-136.

A falha das alternativas

Em primeiro lugar, no decorrer do século, as principais alternativas perderam-se na competição com a democracia. Já pelo final do primeiro quarto do século, as formas não democráticas de governo que desde tempos imemoriais dominaram as convicções e os costumes pelo mundo afora – monarquia, aristocracia hereditária e oligarquia descarada – haviam fatalmente perdido a legitimidade e a força ideológica. Embora tenham sido substituídas por alternativas antidemocráticas bem mais populares na forma do fascismo, nazismo, leninismo e outros credos e governos autoritários, essas floresceram apenas brevemente. O nazismo e o fascismo foram mortalmente feridos pela derrota das forças do Eixo na Segunda Guerra Mundial. Mais tarde, no mesmo século, especialmente na América Latina, as ditaduras militares caíram sob o peso de suas falhas econômicas, diplomáticas e até militares (como aconteceu na Argentina). Conforme se aproximava a última década do século, o remanescente rival totalitário mais importante da democracia – o leninismo encarnado no comunismo soviético – caiu abruptamente, debilitado de modo irreparável pela decadência interna e pelas pressões externas.

Com isso, estaria a democracia agora segura pelo mundo afora? Otimista (e, como se viu, equivocado), em 1919 o presidente Woodrow Wilson proclamou, depois do final da Primeira Guerra Mundial, que afinal o mundo estava "seguro para a democracia". Será?

Infelizmente, não. A vitória definitiva da democracia não fora obtida, nem estava perto. A China, país mais populoso sobre a terra e grande potência mundial, ainda não havia sido democratizada. Durante os quatro mil anos de ilustre civilização, o povo chinês jamais experimentou a democracia – sequer por uma única *vezinha*; as perspectivas de que o país logo se tornasse democrático eram muitíssimo duvidosas. Da mesma forma, regimes não democráticos persistiam em muitas outras partes do mundo: na África, no sudeste asiático, no Oriente Médio e em alguns dos países remanescentes da dissolvida União Soviética. Na maioria desses países, as condições para a democracia não eram altamente favoráveis, não se sabia se ou como eles fariam a transição para a democracia. Por fim, em muitos países que haviam feito a transição e introduziram as instituições políticas básicas da democracia poliárquica, as condições subjacentes não eram favoráveis o bastante para garantir que a democracia sobrevivesse indefinidamente. Condições subjacentes? Já sugeri mais de uma vez que certas condições subjacentes (ou históricas) em um país são favoráveis à estabilidade da democracia e que onde essas condições estão fracamente presentes ou totalmente ausentes é improvável existir a democracia – ou, se existe, provavelmente é precária.

Figura 8: Que condições favorecem as instituições democráticas?

Condições essenciais para a democracia:

1. Controle dos militares e da polícia por funcionários eleitos
2. Cultura política e convicções democráticas
3. Nenhum controle estrangeiro hostil à democracia

Condições favoráveis à democracia:

4. Uma sociedade e uma economia de mercado modernas
5. Fraco pluralismo subcultural

E agora é o momento de perguntar: quais são essas condições?

Para responder, podemos aproveitar o vasto conjunto da experiência pertinente proporcionada pelo século XX: os países que passaram por uma transição para a democracia consolidaram suas instituições democráticas e as conservaram por muitas décadas; os países em que a transição foi seguida pelo desmoronamento e os países que jamais passaram pela transição. Esses exemplos de transição democrática, consolidação e rompimento indicam que as cinco condições (provavelmente há mais) afetam bastante as oportunidades para a democracia em um país (Fig. 8).

Intervenção estrangeira

É menos provável que se desenvolvam as instituições democráticas num país sujeito à intervenção de outro hostil ao governo democrático nesse país.

Essa condição, às vezes, é suficiente para explicar por que as instituições democráticas deixaram de se desenvolver ou por que não persistiram num país em que as outras condições eram bem mais favoráveis. Por exemplo, não fosse a intervenção da União Soviética depois da Segunda Guerra Mundial, a Checoslováquia hoje provavelmente estaria entre as antigas democracias. A intervenção soviética também impediu que a Polônia e a Hungria desenvolvessem instituições democráticas.

Mais surpreendente, até as últimas décadas do século XX, os Estados Unidos haviam compilado um triste recorde de intervenção na América Latina, onde algumas vezes atuaram contra um governo popularmente eleito, solapando-o, para proteger empresas norte-americanas ou (na concepção oficial) sua própria segurança nacional. Embora esses países latino-americanos, em que a democracia era podada no botão, nem sempre fossem plenamente democráticos, se não sofressem a intervenção norte-americana (ou, o que seria bem melhor, obtivessem um forte apoio em seus primeiros passos em direção à democratização), com o tempo as instituições democráticas poderiam muito bem ter-se desenvolvido. Um exemplo inegavelmente péssimo foi a intervenção clandestina das Agências Norte-americanas de Inteligência na Guatemala em 1964, para derrubar o governo eleito de um presidente populista de tendência esquerdista, Jacopo Arbenz.

Com o desmoronamento da União Soviética, os países da Europa Central e do Báltico rapidamente começaram a instalar instituições democráticas. Além do mais, os Estados Unidos e, de modo geral, a comunidade internacional começaram a fazer oposição às ditaduras latino-americanas e em outros lugares, e a apoiar o desenvolvimento de instituições democráticas em boa parte do mundo. Jamais, em toda a história do mundo, as forças – políticas, econômicas e culturais – internacionais deram tanto apoio às ideias e às instituições democráticas. Assim, durante as últimas décadas do século XX, ocorreu uma épica mudança no clima político do mundo, que melhorou imensamente as perspectivas para o desenvolvimento da democracia.

Controle dos militares e da polícia

É improvável que as instituições políticas democráticas se desenvolvam, a menos que as forças militares e a polícia estejam sob pleno controle de funcionários democraticamente eleitos.

Em contraposição à ameaça externa da intervenção estrangeira, talvez a ameaça interna mais perigosa para a democracia venha de líderes que têm acesso aos grandes meios da coerção física: os militares e a polícia. Se representantes democraticamente eleitos pretendem obter e sustentar um controle eficaz sobre as forças policiais e militares, os membros da polícia e os militares, especialmente entre os oficiais, devem ceder. Sua deferência ao controle dos líderes eleitos deve estar profundamente arraigada, para não ser arrancada. A razão pela qual o controle civil se desenvolveu em alguns países e não em outros é complexa demais para ser aqui descrita. Para nossos objetivos, o importante é que, sem ele, as perspectivas para a democracia são vagas.

Pensemos na história infeliz da América Central. Dos 47 governos da Guatemala, El Salvador, Honduras e Nicarágua entre 1948 e 1982, mais de dois terços obtiveram o poder por meios diferentes de eleições livres e justas – em geral, golpes militares.[2]

Em compensação, a Costa Rica tem sido um farol da democracia na região desde 1950. Por que os costa-riquenhos conseguiram desenvolver e manter as instituições democráticas quando todos os seus vizinhos não conseguiam? Parte da resposta está na existência de outras condições favoráveis. Em todo caso, mesmo estas não sustentariam um governo democrático diante de um golpe militar, como tantas vezes aconteceu no resto da América Latina. Em 1950, a Costa Rica eliminou, de modo impressionante, essa ameaça: em decisão singular e audaciosa, o democrático presidente aboliu os militares!

Nenhum outro país seguiu o exemplo da Costa Rica, nem há muita probabilidade de que algum o faça. Nada poderia ilustrar mais

---

[2] Mark Rosenberg, "Political Obstacles to Democracy in Central America", em James M. Malloy e Mitchell Seligson, eds., *Authoritarians and Democrats: Regime Transition in Latin America*, Pittsburgh, University of Pittsburgh Press, 1987, p. 193-250.

vivamente o quanto é decisivo que os funcionários eleitos estabeleçam e mantenham o controle sobre os militares e a polícia, para estabelecer e preservar as instituições democráticas.

Conflitos culturais fracos ou ausentes

Instituições políticas democráticas têm maior probabilidade de se desenvolver e resistirem num país culturalmente bastante homogêneo e menor probabilidade num país com subculturas muito diferenciadas e conflitantes.

Em geral, culturas distintas formam-se em torno de diferenças de língua, religião, raça, identidade étnica, região e, às vezes, ideologia. Os membros de uma comunidade compartilham uma identidade e laços emocionais, distinguem nitidamente o "nós" do "eles" e entre os outros membros do grupo procuram seus relacionamentos pessoais: amigos, companheiros, parceiros de casamento, vizinhos, convidados. Com frequência, empenham-se em cerimônias e rituais que, entre outros efeitos, definem suas fronteiras de grupo. Essa é uma das maneiras pelas quais uma cultura se torna virtualmente um "modo de vida" para seus membros, um país dentro de um país, uma nação dentro de nação. Nesse caso, a sociedade está *verticalmente estratificada*, por assim dizer.

Conflitos culturais podem irromper na arena política, como normalmente acontece: nas questões de religião, língua e códigos de vestimenta nas escolas, por exemplo; na igualdade de acesso à educação; nas práticas discriminatórias de um grupo em relação ao outro; ou, se o governo apoia a religião ou as instituições religiosas, quais e como; ou as práticas de um grupo que outro acha profundamente ofensiva e deseja proibir, como o aborto, o abate de vacas ou roupas "indecentes"; ou, ainda, como e se as fronteiras territoriais e políticas devem ser adaptadas para satisfazer a desejos e exigências de grupos – e assim por diante... etc.

Essas questões impõem um problema especial para a democracia. Os adeptos de uma determinada cultura muitas vezes consideram suas exigências políticas uma questão de princípio, de convicção profundamente religiosa ou mais ou menos religiosa, de preservação da cultura ou sobrevivência do grupo. Consequentemente, consideram suas exigências por demais decisivas para permitirem uma solução conciliatória – não são passíveis de negociação. Não obstante, num processo democrático pacífico, a solução de conflitos políticos, em geral, requer negociação, conciliação, soluções conciliatórias.

Assim, não é de espantar a descoberta de que os países democráticos mais antigos e politicamente estáveis em geral conseguiram evitar conflitos culturais graves. Mesmo existindo significativas diferenças culturais entre os cidadãos, em geral eles permitiram que diferenças mais negociáveis (em questões econômicas, por exemplo) dominem a vida política.

Não existirão exceções a essa situação aparentemente feliz? Algumas. A diversidade cultural é especialmente significativa nos Estados Unidos, na Suíça, na Bélgica, na Holanda e no Canadá. No entanto, se a diversidade ameaça gerar conflitos culturais intratáveis, como as instituições democráticas foram mantidas nesses países?

Embora muito diferentes, suas experiências mostram que as consequências políticas potencialmente adversas da diversidade cultural às vezes podem ser mais tratáveis em países onde todas as outras condições são favoráveis à democracia.

A assimilação

Esta foi a solução dos Estados Unidos. Da década de 1840 aos anos 1920, a cultura dominante, que durante 200 anos de governo colonial e independência fora solidamente estabelecida por colonizadores brancos vindos principalmente da Inglaterra, viu-se diante de imigrantes não britânicos provenientes da Irlanda, Escandinávia, Alemanha, Polônia, Itália e outros cantos – imigrantes que em geral se distinguiam por diferenças na língua (com a exceção dos irlandeses), na religião, na comida, nas roupas, nos costumes, no comportamento, na vida comunitária e em outras características. Por volta de 1910, praticamente um em cada cinco residentes nos Estados Unidos era pessoa que havia nascido em outro lugar; além do mais, os pais de mais de um em cada quatro brancos lá nascidos haviam, por sua vez, nascido no exterior. Não obstante, em uma geração de duas, depois que os imigrantes chegaram aos Estados Unidos, seus descendentes já estavam assimilados à cultura dominante e tão completamente que, embora ainda hoje muitos norte-americanos mantenham (ou criem) certo apego à cultura ou ao país ancestral, sua identidade e lealdade política dominante são norte-americanas.

Apesar do impressionante sucesso da assimilação na redução de conflitos culturais que a imigração em massa poderia ter provocado nos Estados Unidos, a experiência norte-americana revela algumas falhas decisivas nesse tipo de solução.

Para começar, a dificuldade da assimilação foi imensamente simplificada porque boa parte dos imigrantes adultos que foram para os Estados Unidos para conseguir uma vida melhor estava bastante ansiosa em se deixar assimilar, em se tornar "verdadeiros norte-americanos". Seus descendentes mais ainda. Assim, a assimilação foi principalmente espontânea ou reforçada por mecanismos sociais (como a vergonha) que minimizaram a necessidade de coerção pelo Estado.[3]

Se uma população maciçamente constituída de imigrantes foi muito bem assimilada em seu todo, quando a sociedade norte-americana viu-se diante de diferenças raciais ou culturais mais profundas, os limites dessa abordagem logo se revelaram. Nos enfrentamentos entre a população branca e os povos nativos que há muito ocupavam este Novo Mundo, a assimilação deu lugar à coerção, a mudanças forçadas e ao isolamento em relação à sociedade dominante. A sociedade norte-americana também não conseguiu assimilar o grande corpo de escravos afro-americanos e seus descendentes – que, ironicamente, como os indígenas, já viviam na América do Norte bem antes da chegada da maioria dos outros imigrantes. Barreiras de casta baseadas em raça e legalmente coercitivas impediram a assimilação com eficácia. Fracasso um tanto parecido também ocorreu no final do século XIX, quando chegaram imigrantes asiáticos para trabalho braçal nas ferrovias e na agricultura.

---

[3] Embora, como se pensava, não deixasse de existir coerção. Na escola, as crianças eram uniformemente obrigadas a falar inglês. Muito rapidamente, perdiam a competência em sua língua ancestral. Fora de casa e das vizinhanças, o inglês era empregado quase exclusivamente – e *ai* de quem não soubesse compreender ou responder em inglês, por pior que fosse.

Houve ainda mais uma grande divisória que a assimilação não conseguiu transpor. No início do século XIX, desenvolveu-se no sul dos Estados Unidos uma subcultura distinta, com economia e sociedade que dependiam da escravidão. Os norte-americanos que viviam nos estados do Sul e seus compatriotas dos estados do Norte e do Oeste estavam divididos em dois estilos de vida fundamentalmente incompatíveis. O resultado foi um "conflito de repressão impossível" que, apesar dos esforços, não poderia ser resolvido com soluções conciliatórias obtidas por meio de negociações pacíficas.[4] Houve uma guerra civil que durou quatro anos e custou inúmeras vidas. O conflito também não terminou depois da derrota do Sul e da abolição da escravatura. Emergiram então uma subcultura e uma estrutura social sulistas distintas, em que a sujeição de cidadãos afro-americanos era reforçada pela ameaça e pela realidade da violência e do terror.

Essas foram as falhas da assimilação no passado. Pelo final do século XX, ainda não se sabia muito bem se a prática norte-americana da assimilação funcionaria com a minoria hispânica e outras minorias conscientes, que aumentavam intensamente. Será que os Estados Unidos se transformarão numa sociedade multicultural em que a assimilação já não assegure o tratamento pacífico de conflitos culturais sob os procedimentos democráticos? Ou se tornará uma sociedade em que as diferenças culturais motivam compreensão, tolerância e harmonização bem maiores?[5]

A decisão pelo consenso

Subculturas distintas e potencialmente conflitantes existiram na Suíça, na Bélgica e na Holanda. O que podemos aprender com as experiências destes três países democráticos?

---

[4] Muitos volumes foram escritos sobre as causas da guerra civil nos Estados Unidos. Minha rápida afirmação, naturalmente, não faz justiça aos complexos eventos e causas que levaram ao conflito.

[5] Para uma excelente análise comparativa, veja Michael Walzer, *On Toleration*, New Haven e Londres, Yale University Press, 1997. Num epílogo, ele oferece "Reflexões sobre o multiculturalismo norte-americano", p. 93-112.

Cada um deles criou arranjos políticos que exigiam unanimidade ou amplo consenso nas decisões tomadas pelo gabinete e pelo Parlamento. O princípio do governo da maioria deu lugar (em graus variados) a um princípio de unanimidade. Assim, qualquer decisão do governo que afetasse de modo significativo os interesses de uma ou mais das subculturas seria tomada apenas com a concordância explícita desse grupo no gabinete ou no Parlamento. Essa solução foi facilitada pela representação proporcional, que assegurava que os representantes de cada um dos grupos estivessem representados com justiça no Parlamento e também no gabinete. Com a prática do consenso adotada nesses países, os membros do gabinete de cada subcultura detinham o poder de veto em relação a qualquer política com a qual discordassem. (Em cada um dos três países, esse tipo de arranjo – a que os cientistas políticos se referem como "democracia de associação" – varia bastante nos detalhes. Para saber mais, veja o Apêndice B.)

Evidentemente, esses sistemas consensuais não podem ser criados ou não funcionarão bem, senão sob condições muito especiais, que incluem um talento para a conciliação: grande tolerância para a transigência; líderes confiáveis para negociar soluções para conflitos que ganhem o consentimento de seus seguidores; um consenso em relação a metas e valores básicos, amplo o suficiente para tornar os acordos viáveis; uma identidade nacional que desestimule as exigências de uma completa separação – e um compromisso relativo aos procedimentos democráticos que exclui os meios violentos ou revolucionários.

Essas condições são incomuns. Onde estão ausentes, os arranjos consensuais são improváveis. Mesmo existindo de alguma forma, como indica o exemplo trágico do Líbano, elas poderão cair sob a pressão de um conflito cultural grave. Uma vez descrito pelos cientistas políticos como "democracia de associação" muito bem-sucedida, o Líbano mergulhou numa demorada guerra civil em 1958, quando a tensão interna se mostrou grande demais para seu sistema consensual.

Sistemas eleitorais

As diferenças culturais muitas vezes se tornam incontroláveis porque são alimentadas por políticos em competição pelo apoio. Os regimes autoritários às vezes conseguem usar seu grande poder coercitivo para derrotar e reprimir os conflitos culturais, que irrompem como decréscimos da coerção com passos em direção à democratização. Tentados por lucros fáceis proporcionados pelas identidades culturais, os políticos poderão criar, deliberadamente, apelos aos membros de seu grupo cultural e, dessa maneira, acirrar animosidades latentes, transformando-as em ódio que culminará em "limpeza cultural".

Para evitar esse resultado, os cientistas políticos têm dito que os sistemas eleitorais poderiam ser planejados para mudar os incentivos dos políticos para tornar a conciliação mais lucrativa do que o conflito. Sob os arranjos propostos por eles, nenhum candidato poderia ser eleito com o apoio de apenas um grupo cultural, teria de conquistar votos de diversos grupos grandes. O problema, naturalmente, é persuadir os líderes políticos a adotarem arranjos desse tipo no início do processo de democratização. Uma vez instalado um sistema eleitoral mais divergente, a espiral em direção ao conflito cultural poderá se tornar irreversível.

A separação

Quando as fendas culturais são profundas demais para serem superadas por quaisquer das soluções anteriores, resta a solução de que os grupos culturais se separem em diferentes unidades políticas dentro das quais possuam autonomia para manter sua identidade e realizar os mais importantes objetivos de sua cultura. Em algumas situações, a solução poderia ser um sistema federalista em que as unidades (estados, províncias, cantões) sejam suficientemente autônomas para abranger os diferentes grupos. Um elemento decisivo na notável sociedade multicultural harmoniosa criada pelos suíços é o sistema federal. A maioria dos cantões suíços é culturalmente bastante homogênea; por exemplo, um cantão pode ser francófono e católico, e outro alemão e protestante. Os poderes dos cantões são adequados para as variadas necessidades culturais.

Como as outras soluções políticas democráticas para o problema do multiculturalismo, a solução suíça também requer condições incomuns – nesse caso, pelo menos duas: primeiro, os cidadãos de diferentes subculturas já devem estar separados em linhas territoriais, para que a solução não imponha nenhum sofrimento profundo. E, segundo, embora divididos por alguns propósitos em unidades autônomas, os cidadãos devem ter identidade nacional, metas e valores em comum fortes o bastante para sustentar a união federal. Ainda que essas duas condições existam na Suíça, nenhuma delas é muito comum.

Onde existe a primeira mas não a segunda condição, é provável que as diferenças culturais criem exigências para uma plena independência. Se um país democrático se divide pacificamente em dois, a solução parece impecável se julgada unicamente segundo padrões democráticos. Por exemplo, depois de quase um século de semi-independência em uma união com a Suécia, em 1905 a Noruega obteve pacificamente a plena independência.

Não obstante, quando a primeira condição existe de maneira imperfeita porque os grupos estão entremeados, a independência poderá impor graves sofrimentos à minoria (ou minorias) a ser incluída(s) no novo país. Por sua vez, esta(s) pode(m) justificar suas próprias reivindicações por independência ou por, de alguma forma, permanecer dentro do país. Para a província do Quebec, esse problema complicou a questão de sua independência do Canadá. Embora muitos cidadãos de fala francesa do Quebec desejem obter total independência, a província abrange um razoável número de não francófonos – falantes do inglês, grupos indígenas e imigrantes – que desejam continuar cidadãos canadenses. Embora seja teoricamente possível uma complicada situação territorial que permita aos que o desejam continuar sendo canadenses, não sabemos se isso será uma possibilidade política.[6]

---

[6] Scott J. Reid descreve um processo de eleição em dois turnos que permitiria que a maioria das pessoas no Quebec, não todas, permanecesse no Canadá ou num Quebec independente. Ele concorda que sua "proposta e outras semelhantes podem ser práticas ou não" ("The Borders of an Independent Québec: A Thought Experiment", *Good Society* 7 [inverno de 1997], p. 11-15.

É um tanto desalentador saber que todas as soluções para os possíveis problemas do multiculturalismo em um país democrático – as que descrevi e outras – dependem de condições especiais (mui provavelmente raras) para darem certo. Como até agora a maioria dos países onde vigoram as mais antigas democracias é apenas moderadamente heterogênea, em boa parte foram poupados de conflitos culturais graves. Não obstante, neste final do século XX, tiveram início mudanças que certamente encerrarão essa feliz situação no decorrer do século XXI.

Cultura e convicções democráticas

Mais cedo ou mais tarde, todos os países passarão por crises bastante profundas – crises políticas, ideológicas, econômicas, militares, internacionais. Dessa maneira, se pretende resistir, um sistema político democrático deverá ter a capacidade de sobreviver às dificuldades e aos turbilhões que essas crises apresentam. Atingir a estabilidade democrática não é simplesmente navegar num mar sem ondas; às vezes, significa enfrentar um clima enlouquecido e perigoso.

Durante uma crise severa e prolongada, aumentam as chances de que a democracia seja derrubada por líderes autoritários, que prometem encerrar os problemas com métodos ditatoriais rigorosos. É claro, esses métodos exigem que as instituições e os procedimentos essenciais da democracia sejam postos de lado.

Durante o século XX, a queda da democracia foi um evento frequente, como atestam "os tantos..." exemplos mencionados no início deste capítulo. No entanto, algumas democracias aguentaram seus ventos e furacões não apenas uma vez, mas inúmeras. Como vimos, muitas democracias conseguiram superar os riscos que emergiam de sérias diferenças culturais. Algumas emergiram de suas crises com o navio do Estado democrático em melhores condições do que antes. Os sobreviventes desses períodos tempestuosos são justamente os países que agora chamamos de "mais antigas democracias".

Por que as instituições democráticas aguentam as crises em alguns países e não em outros? Às condições favoráveis que já descrevi, devemos acrescentar mais uma. As perspectivas para a democracia estável num país são melhores quando seus cidadãos e seus líderes apoiam vigorosamente as práticas, as ideias e os valores democráticos. O apoio mais confiável surge quando essas convicções e predisposições estão incrustadas na cultura do país e são transmitidas, em boa parte, de uma geração para a outra. Em outras palavras, quando o país possui uma cultura democrática.

Uma cultura política democrática ajudaria a formar cidadãos que acreditem no seguinte: democracia e igualdade política são objetivos desejáveis; o controle sobre militares e polícia deve estar inteiramente nas mãos dos líderes eleitos; as instituições democráticas básicas descritas no Capítulo 8 devem ser mantidas; diferenças e desacordos políticos entre os cidadãos devem ser tolerados e protegidos.

Não tenho a intenção de sugerir que todos em um país democrático devem ser moldados como perfeitos cidadãos democráticos. Felizmente não – ou certamente jamais teria existido uma democracia! Em todo caso, a não ser que uma considerável maioria de cidadãos prefira a democracia e suas instituições políticas a qualquer possível alternativa não democrática e apoie líderes políticos que defendam práticas democráticas, é improvável que a democracia consiga sobreviver às inevitáveis crises. Na verdade, até uma razoável minoria de militantes antidemocratas violentos pode ser suficiente para destruir a capacidade de um país para a manutenção de suas instituições democráticas.

Como as pessoas passam a acreditar nas ideias e nas práticas democráticas? Como as ideias e as práticas democráticas se tornam parte intrínseca da cultura de um país? Qualquer tentativa de responder a essas perguntas exigiria que esmiuçássemos profundamente os fatos históricos, alguns generalizados, outros específicos de um determinado país – tarefa essa muito além dos limites deste livro. Digo apenas o seguinte: sorte do país cuja história levou a esses felizes resultados!

Nem sempre a história é tão generosa. Às vezes, ela dota alguns países com uma cultura política que, na melhor das hipóteses, apoia fracamente as instituições e as ideias democráticas e, na pior das hipóteses, favorece o governo autoritário.

Desenvolvimento econômico e economia de mercado

Historicamente, o desenvolvimento das convicções democráticas e de uma cultura democrática estava estreitamente associado ao que chamaríamos de *economia de mercado*. Mais especificamente, uma condição altamente favorável às instituições democráticas é uma economia de mercado em que as empresas econômicas são principalmente de propriedade privada e não estatal – ou seja, uma economia capitalista, em vez de socialista ou estatal. No entanto, a estreita associação entre democracia e capitalismo de mercado esconde um paradoxo: a economia do capitalismo de mercado, inevitavelmente, gera desigualdades nos recursos políticos a que os diferentes cidadãos têm acesso. Assim, uma economia capitalista de mercado prejudica seriamente a igualdade política – cidadãos economicamente desiguais têm grande probabilidade de ser também politicamente desiguais.
Ela aparece num país com uma economia capitalista de mercado: é impossível atingir a plena igualdade política. Consequentemente, há uma tensão permanente entre a democracia e a economia de mercado capitalista. Existirá uma opção viável ao capitalismo de mercado que seja menos prejudicial à igualdade política? Nos próximos dois capítulos voltarei a essa questão e, de modo mais geral, à relação entre democracia e capitalismo de mercado.
Enquanto isso, não podemos fugir da conclusão de que uma economia capitalista de mercado, a sociedade e o desenvolvimento econômico tipicamente gerados por ela são condições altamente favoráveis ao desenvolvimento e à manutenção das instituições democráticas políticas.

Um resumo

É bem provável que também ajudem outras condições – como o domínio das leis, a paz prolongada, e assim por diante. Acredito que as cinco condições que acabo de descrever sejam as mais decisivas.
Podemos resumir o argumento deste capítulo em três proposições gerais: em primeiro lugar, um país dotado de todas essas cinco principais condições terá praticamente a certeza de desenvolver e

manter as instituições democráticas. Em segundo lugar, é muitíssimo improvável que um país onde essas condições estejam ausentes desenvolva as instituições democráticas ou, se o conseguir, que as mantenha. E um país em que as condições são mistas – algumas favoráveis, outras desfavoráveis? Retardarei um pouco a resposta e a terceira proposição geral até ponderarmos o estranho caso da Índia.

Índia: uma democracia improvável

Você talvez já tenha começado a se perguntar sobre a Índia. Não lhe faltam todas as condições favoráveis? Se assim é, não estaria contradizendo todo o meu argumento? Bom, nem tanto...

Parece altamente improvável que a Índia possa manter por muito tempo as instituições democráticas. Com uma população que se aproxima de um bilhão de pessoas neste final do século XX, os indianos se dividem em mais linhas do que qualquer outro país no mundo. Entre essas divisões estão línguas, castas, classes, religiões e regiões – e infinitas subdivisões dentro de cada uma.[7] Imagine só:

A Índia não tem uma língua nacional. A Constituição indiana reconhece oficialmente 15 línguas. Mesmo essa quantidade subestima a amplitude do problema linguístico: pelo menos um milhão de indianos fala uma das 35 línguas distintas – e, mais do que isso, os indianos falam cerca de 22 mil dialetos distintos!

Embora 80% das pessoas sejam hindus (o restante é, principalmente, muçulmano, e um estado, Kerala, contém muitos cristãos), os efeitos unificadores do hinduísmo estão seriamente comprometidos pelo sistema de castas que o mesmo hinduísmo prescreveu para os indianos desde mais ou menos 1500 a.C. Assim como as línguas, o sistema de castas está infinitamente dividido. Para começar, um vasto número de pessoas está excluído das quatro castas hereditárias

---

[7] Os dados que seguem são principalmente da revista *Economist* de 2 de agosto de 1997, p. 52-90; do programa de desenvolvimento das Nações Unidas, o *Human Development Report*, Nova York, Oxford University Press, 1997, p. 51; "India's Five Decades of Progress and Pain", *New York Times*, 14 de agosto de 1997; e Shashi Tharoor, "India's Odd, Enduring Patchwork", *New York Times*, 8 de agosto de 1997.

prescritas: o contato com essa gente – os "párias" ou "intocáveis" – conspurca. Em todo caso, cada uma das castas está dividida em incontáveis subcastas hereditárias, cujas fronteiras sociais, residenciais e muitas vezes ocupacionais têm limites bastante rígidos.

A Índia é um dos países mais pobres do mundo. Veja os números: de 1981 a 1995, cerca de metade da população vivia com o equivalente a menos de um dólar norte-americano por dia. Por essa medida, apenas quatro países eram mais pobres. Em 1993–1994, mais de um terço da população da Índia (mais de 300 milhões de pessoas!) viviam oficialmente na pobreza, em pequenas aldeias, trabalhando na agricultura. Em 1996, a Índia foi classificada em quadragésimo sétimo lugar entre 78 países em desenvolvimento, num índice de pobreza humana próximo a Ruanda, que estava no quadragésimo oitavo lugar. Além do mais, cerca da metade de todos os indianos acima dos 15 anos de idade e mais de 60% das mulheres acima dos seis anos são analfabetos.

Apesar de haver obtido a independência em 1947 e adotado uma constituição democrática em 1950, dadas as condições que acabo de descrever, ninguém se surpreenderá que as práticas políticas da Índia tenham apresentado algumas falhas *chocantes* de um ponto de vista democrático. O país sofre recorrentes violações dos direitos básicos.[8] Os meios empresariais consideram a Índia um dos países mais corruptos do mundo.[9] Pior: as instituições democráticas foram derrubadas e substituídas pela ditadura, quando em 1975 a primeira-ministra Indira Gandhi deu um golpe de Estado, declarou estado de emergência, suspendeu os direitos civis e prendeu milhares de líderes adversários.

---

[8] Depois da derrota eleitoral em 1977, Indira Gandhi foi eleita novamente primeira-ministra em 1980. Em 1984, ela ordenou que as tropas indianas atacassem o mais importante santuário muçulmano na Índia, que estava sendo ocupado por membros da seita religiosa sikh. Pouco depois, ela foi assassinada por dois de seus guarda-costas sikh. Os hindus então irromperam em tumulto e mataram milhares de sikhs. Em 1987, seu filho Rajiv Gandhi, que se tornara primeiro-ministro, reprimiu um movimento de independência de uma minoria regional, os tamis. Em 1991, foi assassinado por um tamil.

[9] *Economist*, 2 de agosto de 1997, p. 52.

Contudo, a Índia, em geral, apoia as instituições democráticas. Numa ação que não seria empreendida por um povo não preparado para a democracia, dois anos depois de tomar o poder, Indira foi derrotada numa eleição razoavelmente justa. Aparentemente, não apenas as elites políticas como todo o povo indiano eram mais apegados às instituições e às práticas democráticas do que ela presumira – e não lhe permitiram governar com métodos autoritários.

A vida política indiana é muitíssimo turbulenta, muitas vezes violenta – mas, apesar disso, as instituições democráticas básicas, com todas as suas falhas, continuam funcionando. Emergindo de um passado de colônia britânica, os militares indianos criaram e mantiveram um código de obediência aos líderes civis eleitos. Assim, a Índia se livrou da maior ameaça ao governo democrático na maioria dos países em desenvolvimento. Ao contrário da América Latina, por exemplo, as tradições militares indianas pouco apoiam golpes ou ditaduras militares. Embora bastante corrupta em geral, a polícia não constitui uma força política independente capaz de um golpe.

Além do mais, todos os fundadores da Índia moderna que a levaram à independência e a ajudaram a modelar sua constituição e suas instituições políticas adotaram as convicções democráticas. Os movimentos políticos liderados por eles defendiam seriamente as ideias e as instituições democráticas. Pode-se dizer que a democracia é a ideologia nacional da Índia. Não há nenhuma outra. Por mais frágil que seja, o senso de nacionalidade dos indianos está tão associado às ideias e às convicções democráticas que pouquíssimos defendem qualquer alternativa não democrática.

E mais: embora culturalmente diversificada, a Índia é o único país do mundo em que a fé e a prática do hinduísmo estão amplamente disseminadas. Oito em cada dez indianos são hinduístas. Ainda que o sistema de castas seja tão divisivo e os nacionalistas hindus sejam um constante perigo para a minoria muçulmana, esse sistema proporciona uma espécie de identidade comum para a maioria dos indianos.

No entanto, ainda que essas condições proporcionassem apoio às instituições democráticas, a disseminada pobreza da Índia e a séria divisão multicultural pareceriam solo fértil para o desenfreado crescimento de movimentos antidemocráticos vigorosos o bastante para derrubar a democracia e instalar uma ditadura autoritária. Por que isto não aconteceu? Um exame mais de perto revela diversas surpresas.

Em primeiro lugar, cada indiano é parte de uma minoria cultural tão minúscula que seus membros não poderiam governar o país sozinhos. O número absoluto de fragmentos culturais em que a Índia está dividida significa que cada um é pequeno – e não apenas distante de maioria, mas pequeno demais para dominar aquele vasto subcontinente variado. Nenhuma minoria indiana poderia governar sem o emprego de uma avassaladora coerção por forças militares e policiais. E, como observamos, esses militares e a polícia não estão disponíveis para esses propósitos.

Em segundo lugar, com poucas exceções, os membros de uma minoria cultural não vivem juntos numa única área, mas tendem a se espalhar por diferentes regiões da Índia. Portanto, as minorias não podem ter a expectativa de formar um país separado, fora de suas fronteiras. Querendo ou não, os indianos estão "condenados" a permanecer cidadãos da Índia. Como a desunião é impossível, a única alternativa é a união dentro da Índia.[10]

Por fim, para a maioria dos indianos não há nenhuma alternativa realista para a democracia. Em si, nenhuma das minorias da Índia poderá derrubar as instituições democráticas e estabelecer um regime autoritário, nem contar com o necessário apoio dos militares e da polícia para sustentar um governo autoritário, esperar formar um país separado ou propor uma alternativa institucional e ideológica atraente para a democracia. A experiência indica que qualquer coalisão de bom tamanho de minorias diferentes estará por demais dividida para sustentar uma tomada de poder e menos ainda um governo autoritário. Parece que a democracia é realmente a única opção viável para a maioria dos indianos...

Toda a história da democracia na Índia é bem mais complexa, como a história de qualquer país. No final das contas, a Índia confirma a terceira proposição que prometi. Num país em que estejam ausentes uma ou diversas, mas não todas as cinco condições

---

[10] Não é verdade, se os membros de distintas minorias culturais vivem juntos numa região na fronteira da Índia. Há diversas minorias como essa, entre as quais se destacam os Kashmiris – cujas tentativas de obter independência já haviam sido frustradas pelo governo indiano, que empregou forças militares contra eles.

favoráveis à democracia, a democracia é duvidosa, talvez improvável, mas não necessariamente impossível.

Por que a democracia se espalhou pelo mundo inteiro

Comecei este capítulo observando quantas vezes, no decorrer do século XX, a democracia caiu e como ela se havia disseminado pelo final do século. Agora podemos explicar esse triunfo: as condições favoráveis que descrevi dispersaram-se muito mais amplamente entre os países do mundo.

- O risco de intervenção de um poder exterior hostil à democratização diminuiu quando os impérios coloniais se dissolveram, os povos ganharam a independência e a comunidade internacional deu amplo suporte à democratização.
- O fascínio da ditadura militar foi reduzido quando se tornou aparente – e não apenas para os civis, mas para os próprios líderes militares – que os governantes militares normalmente não eram capazes de corresponder às dificuldades de uma sociedade moderna. Para falar a verdade, muitas vezes se mostraram grosseiramente incompetentes. Assim, em muitos países, uma das mais antigas e mais arriscadas ameaças à democracia foi enfim eliminada ou imensamente reduzida.
- Muitos países em que a democratização ocorreu eram suficientemente homogêneos para evitar sérios conflitos culturais. Em geral, os menores países, não grandes aglomerações de diversas culturas. Os arranjos consensuais funcionaram em alguns países mais divididos culturalmente. Em pelo menos um país, a Índia, nenhuma cultura de minoria era de tamanho suficiente para governar. Em compensação, onde os conflitos culturais eram sérios, como em certas partes da África e na antiga Iugoslávia, a democratização foi um belo desastre.
- Com as visíveis falhas dos sistemas totalitários, das ditaduras militares e de muitos outros regimes totalitários, as ideologias e as convicções antidemocráticas perderam seu atrativo para boa parte do mundo. Jamais em toda a história da humanidade tantas pessoas apoiaram as ideias e as instituições democráticas.

- As instituições do capitalismo de mercado espalharam-se por todos os países. O capitalismo de mercado não resultou apenas em maior desenvolvimento econômico e maior bem-estar, mas também alterou de maneira fundamental a sociedade ao criar uma enorme classe média influente solidária com as ideias e as instituições democráticas.

Assim, por essas e outras razões, o século XX mostrou ser o Século do Triunfo Democrático. No entanto, devemos encarar esse triunfo com certa cautela. Por um lado, em muitos países "democráticos", as instituições políticas básicas eram frágeis ou imperfeitas. Na Fig. 1 (pág. 18), considerei 65 países democráticos, mas poderíamos dividi-los de maneira razoável em três grupos: os mais democráticos, 35; bastante democráticos, 7; e os vestigialmente democráticos, 23 (veja as fontes no Apêndice C).[11] Portanto, o "triunfo da democracia" era bem menos completo do que algumas vezes retratado.

Além disso, é razoável perguntar se o sucesso democrático se sustentará no século XXI. A resposta depende do quanto for satisfatória a maneira como os países democráticos resolvam suas dificuldades. Uma delas, como já disse, emerge diretamente das consequências contraditórias do capitalismo de mercado: em alguns aspectos, ele é favorável à democracia, embora seja desfavorável em outros. É o que examinaremos nos próximos dois capítulos.

---

[11] Os critérios para as três categorias estão descritos no Apêndice C.

Capítulo 13

Por que o capitalismo de mercado favorece a democracia

Democracia e capitalismo de mercado são como duas pessoas ligadas por um casamento tempestuoso, assolado por conflitos – mas que resiste, porque nenhum dos parceiros deseja separar-se do outro. Passando o exemplo para o mundo botânico, os dois existem numa espécie de simbiose antagônica.

Embora seja um relacionamento complicadíssimo, acredito que possamos extrair cinco importantes conclusões a partir da profusa e sempre crescente série de experiências. Apresentarei duas neste capítulo e as três restantes no próximo.

1. *A democracia poliárquica resistiu apenas nos países com uma economia predominantemente de mercado; jamais resistiu em algum país com a predominância de uma economia que não seja de mercado.*

Limitei essa conclusão à democracia poliárquica, mas ela também se aplica muito bem aos governos populares que surgiram nas cidades-estado da Grécia, de Roma e da Itália medieval, e na evolução das instituições representativas e no desenvolvimento da participação do cidadão no norte da Europa. Passarei por cima dessa história, parte da qual já encontramos no Capítulo 2, para nos concentrarmos exclusivamente nas instituições da moderna democracia representativa – ou seja, a *democracia poliárquica*.

Aqui o registro não é nada ambíguo. A democracia poliárquica existia *apenas* em países com a predominante economia capitalista de mercado e *jamais* (ou, no máximo, brevemente) em países onde predominavam economias planificadas. Por que isso acontece?

2. *Essa relação estrita existe porque certos aspectos básicos do capitalismo de mercado o tornam favorável para as instituições democráticas. Inversamente, alguns aspectos de uma economia predominantemente planificada a tornam prejudicial às perspectivas democráticas.*

Numa economia capitalista de mercado, as entidades econômicas ou são indivíduos ou empresas (firmas, fazendas e sabe-se lá mais o quê), que são propriedade privada de indivíduos ou grupos e, na maior parte, não pertencem ao Estado. O principal objetivo dessas entidades é o ganho econômico na forma de salários, lucros, juros e aluguéis ou arrendamentos. Os dirigentes das empresas não têm nenhuma necessidade de lutar por metas mais amplas, grandiosas e ambíguas, como o bem-estar geral ou o bem público – eles podem ser guiados unicamente por incentivos egoístas. Como os mercados abastecem proprietários, dirigentes, trabalhadores e outros com boa parte da informação decisiva necessária, eles podem tomar suas decisões sem uma orientação central. (Isso não significa que possam fazê-lo sem as leis e as regulamentações – assunto a que retornarei no próximo capítulo.)

Ao contrário do que a intuição nos diria, os mercados servem para coordenar e controlar as decisões das entidades econômicas. A experiência histórica demonstra, de modo bastante conclusivo, que um sistema em que são tomadas incontáveis decisões econômicas por inumeráveis atores independentes em competição, cada um atuando a partir de interesses egoístas muito restritos e orientados pela informação fornecida pelo mercado, produz bens e serviços de maneira bem mais eficiente do que qualquer outra alternativa conhecida. Mais do que eficiente: com uma regularidade e uma ordem verdadeiramente espantosas.

Consequentemente, em longo prazo, o capitalismo de mercado levou ao desenvolvimento econômico – e o desenvolvimento econômico é favorável à democracia. Para começar, ao reduzir a pobreza intensa e melhorar os padrões de vida, o desenvolvimento econômico ajuda a reduzir os conflitos sociais e políticos. Além disso, quando surgem grandes conflitos econômicos, o desenvolvimento proporciona mais recursos, que estarão disponíveis para um povoamento mutuamente satisfatório, em que todos ganham alguma coisa. (Para usar a linguagem da teoria do jogo, na ausência do desenvolvimento os conflitos econômicos tornam-se "soma-zero": o que eu ganho, você perde – o que você ganha, eu perco. Assim, a cooperação é inútil.) O desenvolvimento também proporciona aos indivíduos, aos grupos e ao governo o excedente necessário para dar apoio à educação e, desse modo, promover uma cidadania instruída e educada.

O capitalismo de mercado também é favorável à democracia por suas consequências sociais e políticas. Ele cria um grande estrato intermediário de proprietários que normalmente buscam a educação, a autonomia, a liberdade pessoal, direitos de propriedade, a regra da lei e a participação no governo. As classes médias, como Aristóteles indicou, são os aliados naturais das ideias e das instituições democráticas. Por fim, talvez o mais importante: descentralizando muitas decisões econômicas a indivíduos e a firmas relativamente independentes, uma economia capitalista de mercado evita a necessidade de um governo central forte ou mesmo autoritário.

Uma economia planificada pode existir onde os recursos são escassos e as decisões econômicas poucas e óbvias. Em uma sociedade mais complexa, é necessário um substituto para a coordenação e o controle proporcionados pelos mercados. O único substituto viável é o governo. Seja qual for a propriedade legal formal de empresas em uma economia planificada, suas decisões são efetivamente tomadas e controladas pelo governo. Sem a coordenação do mercado, torna-se naturalmente tarefa do governo a distribuição de todos os recursos escassos – capital, trabalho, maquinário, terras, construções, bens de consumo, residências e os demais. Para fazer isso, o governo precisa ter um plano central detalhado de grande alcance e, portanto, funcionários do governo encarregados de fazer, executar e verificar o cumprimento desse plano. São tarefas prodigiosas que exigem tremendas quantidades de informação confiável. Para conquistar a submissão a suas diretivas, os funcionários do governo devem descobrir e aplicar incentivos adequados – que podem ir de recompensas legais (como salários e prêmios) ou ilegais (por exemplo, o suborno), a coerção e a punição (como a condenação por "crimes econômicos"). A não ser sob condições raras e passageiras, que abordarei em seguida, nenhum governo mostrou-se à altura dessa tarefa.

Entretanto, as ineficiências de uma economia de planejamento central não são o mais prejudicial para as perspectivas democráticas – o pior são as consequências sociais e políticas da economia. Uma economia centralmente planejada deixa os recursos de toda a economia à disposição de líderes do governo. Para imaginar as prováveis consequências desse fantástico legado político, devemos lembrar o aforismo: "O poder corrompe e o poder absoluto corrompe de maneira absoluta". Uma economia centralmente planejada lança um convite direto aos líderes do governo, escrito em negrito: **Você é livre para usar todos esses recursos econômicos para consolidar e manter o poder que tem em suas mãos!**

Os líderes políticos teriam de ser dotados de poderes sobre-humanos para resistir a essa tentação. Mas o triste registro da história é claro: todos os governantes que tiveram acesso aos imensos recursos proporcionados por uma economia de planejamento central confirmaram a sabedoria do aforismo. Na verdade, os líderes podem usar seu despotismo para bons ou maus fins. A história registra um pouco de cada um desses tipos de fins – embora, penso eu, de modo geral os déspotas tenham feito bastante mais mal do que bem. De qualquer maneira, economias de planejamento central sempre estiveram estreitamente associadas a regimes autoritários.

Algumas ressalvas

Ainda que essas duas conclusões sejam válidas, elas precisam de uma série de ressalvas. O desenvolvimento econômico não é exclusivo de países democráticos, nem a estagnação econômica é exclusiva das nações não democráticas. Na verdade, parece não haver nenhuma correlação entre desenvolvimento econômico e o tipo de governo ou regime de um país.[1]

---

[1] Para obter indícios impressionantes sobre esse ponto, veja Bruce Russett, "A Neo-Kantian Perspective: Democracy, Interdependence, and International

Além disso, embora a democracia só tenha existido em países com uma economia capitalista de mercado, o capitalismo de mercado existiu em países não democráticos. Em muitos deles (especialmente Taiwan e a Coreia do Sul), os fatores anteriormente mencionados, que tendem a acompanhar o desenvolvimento econômico e, por sua vez, uma economia de mercado, ajudaram a produzir a democratização. Nesses dois países em especial, os líderes autoritários, cujas políticas ajudaram a estimular o desenvolvimento de uma boa economia de mercado, indústrias de exportação, desenvolvimento econômico e uma grande classe média educada, inadvertidamente plantaram as sementes de sua própria destruição. Assim, embora o capitalismo de mercado e o desenvolvimento econômico sejam favoráveis à democracia, em longo prazo eles poderão ser bem menos favoráveis e até inteiramente desfavoráveis para os regimes não democráticos. Consequentemente, o desfecho de um impressionante drama histórico a se desenrolar no século XXI revelará se o regime não democrático da China poderá suportar as forças democratizantes geradas pelo capitalismo de mercado.

Uma economia capitalista de mercado não precisa existir apenas em sua conhecida forma urbano-industrial ou pós-industrial do século XX. Também pode ser – pelo menos, já foi – agrícola. Vimos no Capítulo 2 que, durante o século XIX, as instituições democráticas básicas (com a exceção do sufrágio feminino) apareceram em diversos países predominantemente agrícolas: Estados Unidos, Canadá, Nova Zelândia e Austrália. Em 1790, primeiro ano da república norte-americana sob sua nova (ainda em vigor) Constituição, de uma população total de pouco menos de quatro milhões de pessoas, apenas 5% viviam em lugares com mais de 2.500 habitantes – os 95% restantes viviam em áreas rurais, principalmente em sítios e fazendas. Por volta de 1820, quando as instituições políticas da democracia poliárquica (de *homens brancos*) já estavam consolidadas, numa população de menos de dez milhões de pessoas, mais de nove em cada

Organizations in Building Security Communities", em Emanuel Adler e Michael Barnett, eds., *Security Communities in Comparative and Historical Perspective*, Cambridge, Cambridge University Press, 1998; e Adam Przeworski e Fernando Limongi, "Political Regimes and Economic Growth", *Journal of Economic Perspectives* 7, 3 (verão de 1993), p. 51-70.

dez ainda viviam em áreas rurais. Em 1860, nas vésperas da Guerra Civil, quando o país tinha mais de 30 milhões de habitantes, oito em dez norte-americanos viviam em áreas rurais. A América descrita por Alexis de Tocqueville, em *A democracia na América*, era agrícola, não industrial. É claro, as empresas econômicas daquela sociedade agrícola eram principalmente fazendas e sítios, que pertenciam e eram administrados por agricultores e suas famílias. Boa parte do que produziam era usada para seu próprio consumo.

Contudo, essa economia era altamente descentralizada (bem mais do que se tornaria com a industrialização), dando aos líderes políticos muito pouco acesso a seus recursos – e criou uma grande classe média de agricultores livres. Por isso, era altamente favorável ao desenvolvimento democrático. Na visão que Thomas Jefferson tinha da república, a base necessária para a democracia era uma sociedade agrícola consistindo de agricultores independentes.

Será que as origens pré-industriais de muitas das mais antigas democracias nada têm a ver com os países na era pós-industrial? Não. Esse conjunto de experiências reforça um ponto decisivo: seja qual for a atividade dominante, uma economia descentralizada que ajuda a criar uma nação de cidadãos independentes é altamente favorável ao desenvolvimento e à sustentação das instituições democráticas.

Há pouco mencionei as "condições raras e passageiras" sob as quais os governos administraram com eficácia o planejamento central. Além disso, os governos eram democráticos – eram os governos da Inglaterra e dos Estados Unidos do período da Primeira Guerra Mundial e, mais enfaticamente, durante a Segunda Guerra Mundial. Nesses casos, o planejamento e a distribuição de recursos tinham um objetivo claramente definido, que deveria assegurar a satisfação das necessidades dos militares e do suprimento de bens e serviços básicos para a população civil. As metas de guerra foram amplamente apoiadas. Embora tenham aparecido alguns mercados negros, não eram extensos o bastante para reduzir a eficácia do sistema centralizado para distribuir os recursos e controlar os preços. Finalmente, o sistema foi desmantelado com a chegada da paz. Em consequência, os líderes políticos foram privados das oportunidades que teriam com a exploração de seu papel econômico dominante para propósitos políticos.

Se colocamos esses sistemas do tempo da guerra de um lado, economias centralmente dirigidas existiram somente nos países em que os líderes eram fundamentalmente antidemocráticos. Assim, não podemos desemaranhar facilmente as consequências não democráticas da ordem econômica das consequências não democráticas das convicções dos líderes. Lenin e Stalin eram tão hostis à democracia que, com ou sem uma economia centralmente dirigida, eles teriam impedido o desenvolvimento das instituições democráticas. A economia centralmente dirigida simplesmente tornava mais fácil sua tarefa, proporcionando-lhes maiores recursos para impor sua vontade aos outros.

A rigor, jamais houve uma experiência histórica que juntasse as instituições democráticas com uma economia centralmente dirigida em tempo de paz. De minha parte, espero que jamais aconteça. Acredito que as prováveis consequências sejam totalmente previsíveis – e são um mau presságio para a democracia.

Não obstante, ainda que o capitalismo de mercado seja bem mais favorável às instituições democráticas do que qualquer economia planificada que tenha existido até agora, ele também possui algumas consequências profundamente desfavoráveis. Nós as examinaremos no próximo capítulo.

Capítulo 14

Por que o capitalismo de mercado prejudica a democracia

Quando abordamos o capitalismo de mercado de um ponto de vista democrático, examinando bem de perto descobrimos que ele tem dois rostos. Como a figura de Janos, o deus grego, esses dois rostos apontam direções opostas. Um deles, um rosto amistoso, aponta para a democracia. O outro, um rosto hostil, aponta na outra direção.

A democracia e o capitalismo de mercado estão encerrados num conflito permanente em que cada um modifica e limita o outro

Por volta de 1840, uma economia de mercado com mercados autorregulados em trabalho, terra e dinheiro estava plenamente instalada na Inglaterra. O capitalismo de mercado vencera seus inimigos em todas as frentes: não apenas na teoria e na prática, mas também na política, na legislação, nas ideias, na filosofia e na ideologia. Aparentemente, seus inimigos haviam sido completamente derrotados. No entanto, num país em que as pessoas têm voz, como tinham na Inglaterra até mesmo no período anterior à democracia, uma completa vitória desse tipo não poderia resistir muito tempo.[1] Como sempre, o capitalismo de mercado trouxe ganhos para uns, mas, como sempre, também prejudicou outros.

---

[1] A narrativa clássica é *The Great Transformation*, de Karl Polanyi, Nova York, Farrar and Rinehart, 1944. Polanyi foi um exilado austro-húngaro que se mudou para a Inglaterra e posteriormente deu aulas nos Estados Unidos.

Embora o sufrágio fosse muitíssimo restrito, de modo geral as outras instituições políticas do governo representativo estavam instaladas. Em seu devido tempo – em 1867 e novamente em 1884 – o sufrágio foi ampliado: depois de 1884, a maioria dos homens podia votar. Dessa maneira, o sistema político proporcionava oportunidades para a expressão eficaz da oposição ao capitalismo de mercado não regulamentado. Voltando-se para os líderes políticos e do governo para pedir ajuda, os que se sentiam prejudicados por mercados não regulamentados buscaram proteção. Os que se opunham à economia do *laissez-faire* encontraram uma expressão eficaz para suas queixas nos movimentos, nos partidos, nos programas, nas ideias, nas filosofias, nas ideologias, nos livros, nos jornais e nos líderes políticos e, o mais importante, nos votos e nas eleições. O recentemente fundado Partido Trabalhista concentrava-se na labuta das classes trabalhadoras.

Embora alguns adversários propusessem apenas a regulamentação do capitalismo de mercado, outros desejavam eliminá-lo completamente. Alguns propunham uma solução conciliatória: vamos regulá-lo agora, para mais tarde eliminá-lo. Os que propunham abolir o capitalismo jamais realizaram suas metas. Os que exigiam a intervenção do governo e a regulamentação muitas vezes conseguiam.

Isto aconteceu na Inglaterra, na Europa Ocidental e em outros países de língua inglesa. Em qualquer país cujo governo podia ser influenciado por movimentos populares de insatisfação, o *laissez--faire* não tinha sustentação. O capitalismo de mercado sem intervenção e regulamentação do governo era impossível num país democrático, no mínimo por duas razões.

Em primeiro lugar, as próprias instituições básicas do capitalismo de mercado exigem regulamentação e grande intervenção governamental. Mercados competitivos, propriedade de entidades econômicas, contratos legais, proibição de monopólios, proteção dos direitos de propriedade – esses e muitos outros aspectos do capitalismo de mercado dependem totalmente de legislações, políticas, ordens e outras ações realizadas pelos governos. Uma economia de mercado não é, nem pode ser, completamente autorregulamentada.

Em segundo lugar, sem a intervenção e a regulamentação do governo, uma economia de mercado inevitavelmente inflige sérios danos a algumas pessoas – e os prejudicados ou os que esperam ser prejudicados exigirão a intervenção do governo. Os atores econômicos motivados por interesses egoístas têm pouco incentivo para levar em consideração o bem dos outros; ao contrário, sentem-se fortemente incentivados a deixar de lado o bem dos outros, se com isso obtiverem ganhos. A consciência é facilmente sossegada pela sedutora justificativa para infligir mal aos outros:

> Se eu não fizer, alguém fará. Se não permito que minha fábrica descarregue os resíduos no rio e a fumaça no ar, outros o farão. Se não vendo meus produtos mesmo sendo inseguros, outros o farão. Se eu não... outros o farão.

Numa economia mais ou menos competitiva, é praticamente seguro que, de fato, outros o farão.

Quando as decisões tomadas pela competição e pelos mercados não regulamentados resultam em prejuízos, é provável que surjam questões. O mal pode ser eliminado ou reduzido? Se pode, seria isso realizado sem exagerado custo em relação aos benefícios? Quando os prejuízos aumentam para algumas pessoas e os benefícios para outras, como em geral acontece, como poderemos julgar o que é desejável? Qual é a melhor solução? Ou, se não a melhor, qual seria uma solução no mínimo aceitável? Como e por quem deveriam ser tomadas essas decisões? Como e mediante que meios essas decisões devem ser legalmente impostas?

É evidente que essas não são apenas questões econômicas. São também questões morais e políticas. Num país democrático, os cidadãos que buscam respostas inevitavelmente gravitarão em torno da política e do governo. O candidato mais acessível e mais eficaz para intervir numa economia de mercado de modo a alterar um resultado que poderia ser prejudicial é... o governo do Estado.

Para obterem a intervenção do governo, os cidadãos descontentes naturalmente dependem de muitas questões – até mesmo do relativo poder político dos antagonistas. Contudo, o registro histórico é claro: em todos os países democráticos,[*] os prejuízos produzidos

---

[*] E também em muitos países não democráticos – mas aqui nos preocuparemos com a relação entre a democracia e o capitalismo de mercado.

pelos mercados não regulamentados ou deles esperados induziram os governos a intervir para alterar um resultado que poderia causar danos a alguns cidadãos.

Num país famoso por seu compromisso relativo ao capitalismo de mercado, os Estados Unidos, os governos da nação, dos estados e os locais intervêm na economia de maneiras inumeráveis. Veja aqui apenas alguns exemplos:

- seguro desemprego;
- anuidades para a velhice;
- política fiscal para evitar a inflação e a recessão econômica;
- segurança: alimento, remédios, transporte aéreo, ferroviário, estradas, ruas;
- saúde pública: controle de doenças infecciosas, vacinação compulsória de crianças em idade escolar;
- seguro de saúde;
- educação;
- a venda de ações, títulos e outras garantias;
- zoneamento: comercial, residencial, e assim por diante;
- estabelecimento de normas de construção;
- garantia de competição no mercado, proibição de monopólios e outras restrições ao comércio;
- imposição e redução de tarifas e cotas de importação;
- licenciamento de médicos, dentistas, advogados, contadores e outros profissionais;
- implantação e manutenção de parques nacionais e estaduais, áreas de recreação e áreas selvagens;
- regulamentação de firmas empresariais para prevenir e reparar danos ao ambiente; e, bem mais tarde,
- regulamentação da venda de produtos derivados do tabaco para reduzir a frequência do vício, do câncer e outros efeitos malignos.

E assim por diante.

Resumindo: em nenhum país democrático existe uma economia capitalista de mercado (e provavelmente não existirá por muito tempo) sem ampla regulamentação e intervenção do governo para alterar seus efeitos nocivos.

No entanto, se a existência em um país de instituições políticas democráticas afeta de maneira significativa o funcionamento do capitalismo de mercado, a existência desse tipo de capitalismo afeta o funcionamento das instituições políticas democráticas. A flecha da causa, por assim dizer, voa nas duas direções: da política para a economia e da economia para a política.

Como inevitavelmente cria desigualdades, o capitalismo de mercado limita o potencial democrático da democracia poliárquica ao gerar desigualdades na distribuição dos recursos políticos

Palavras sobre palavras

Recursos políticos abrangem tudo o que uma pessoa ou um grupo tem acesso, que pode utilizar para influenciar direta ou indiretamente a conduta de outras pessoas. Variando com o tempo e o lugar, um número imenso de aspectos da sociedade humana pode ser transformado em recursos políticos: força física, armas, dinheiro, riqueza, bens e serviços, recursos produtivos, rendimentos, *status*, honra, respeito, afeição, carisma, prestígio, informação, conhecimento, educação, comunicação, meios de comunicação, organizações, posição, estatuto jurídico, controle sobre doutrinas e convicções religiosas, votos e muitos outros. Em determinado limite teórico, um recurso político poderia ser igualmente distribuído, como acontece com os votos nos países democráticos. Em outro limite teórico, ele poderia concentrar-se nas mãos de uma pessoa ou de um grupo. As possíveis variações da distribuição entre a igualdade e a concentração total são infinitas.

A maioria dos recursos que acabo de listar está distribuída por todos os cantos de maneira muitíssimo desigual. Embora não seja a causa única, o capitalismo de mercado é importante para causar uma distribuição desigual de muitos recursos essenciais: riqueza, rendimentos, *status*, prestígio, informação, organização, educação, conhecimento...

Devido às desigualdades nos recursos políticos, alguns cidadãos, significativamente, adquirem mais influência do que outros nas políticas, nas decisões e nas ações do governo. Essas violações não são nada incomuns! Consequentemente, os cidadãos não são iguais políticos – longe disso –, e assim a igualdade política entre os cidadãos, fundamento moral da democracia, é seriamente violada.

O capitalismo de mercado favorece grandemente o desenvolvimento da democracia até o nível da democracia poliárquica. No entanto, devido às consequências adversas para a igualdade política, ela é desfavorável ao desenvolvimento da democracia além do nível da poliarquia

Pelas razões anteriormente apresentadas, o capitalismo de mercado é um poderoso solvente de regimes autoritários. Quando ele transforma uma sociedade de senhores e camponeses em empregadores, empregados e trabalhadores; de massas rurais quase incapazes de sobreviver, e às vezes nem isso, em um país com habitantes alfabetizados, razoavelmente seguros e urbanizados; de monopólio de quase todos os recursos por uma pequena elite, oligarquia ou classe dominante, em uma dispersão bem mais ampla de recursos; de um sistema em que muitos podem fazer pouco para evitar o domínio do governo por poucos em um sistema em que os muitos podem eficazmente combinar seus recursos (sem falar de seus votos) e assim influenciar o governo, de modo a que este atue a seu favor – quando ajuda a produzir essas mudanças, como muitas vezes aconteceu e continuará acontecendo em muitos países com economias em desenvolvimento, ele serve de veículo para uma transformação revolucionária da sociedade e da política.

Quando governos autoritários em países menos modernizados decidem criar uma economia de mercado dinâmica, é provável que estejam semeando sua própria eliminação.

Uma vez que sociedade e política são transformadas pelo capitalismo de mercado e as instituições democráticas instaladas, o panorama muda fundamentalmente. Agora as desigualdades nos recursos que o capitalismo de mercado agita produzem sérias desigualdades políticas entre os cidadãos.

Se e como o casamento da democracia poliárquica ao capitalismo de mercado pode se tornar mais favorável para maior democratização da poliarquia é uma questão profundamente difícil para a qual não há respostas simples, e, certamente, não serão curtas. A relação entre o sistema político democrático de um país e seu sistema econômico não democrático apresentou uma dificuldade formidável e persistente para as metas e as práticas democráticas por todo o século XX. Essa dificuldade seguramente continuará no século XXI.

Capítulo 15

A viagem inacabada

O que temos pela frente? Como vimos, o século XX, que a muitos contemporâneos às vezes pareceu transformar-se num período trágico, ao contrário demonstrou ser uma era de incomparável triunfo para a democracia. Embora pudéssemos encontrar algum conforto na crença de que o século XXI será tão bom para a democracia quanto o século XX, o registro da história nos diz que a democracia é rara na experiência da humanidade. Ela está destinada a ser mais uma vez substituída por sistemas não democráticos, talvez aparecendo em alguma versão do século XXI da tutela pelas elites burocráticas e políticas? Ou, quem sabe, ela continuaria sua expansão global? Ou, em mais uma transformação, o que hoje é chamado "democracia" poderá adquirir uma amplitude maior, com menor profundidade – estendendo-se a muitos outros países, ao mesmo tempo em que suas características enfraqueçam?

Penso que o futuro é muito incerto para obtermos respostas firmes. Depois de completar nossa exploração das questões apresentadas no Capítulo 3, agora esgotamos as nossas cartas. O mundo conhecido mapeado da experiência deve dar lugar a um futuro em que, na melhor das hipóteses, os mapas não são confiáveis – esboços feitos por cartógrafos sem relatórios confiáveis sobre uma terra distante. Não obstante, podemos prever, com grande confiança, acredito eu, que certos problemas hoje enfrentados pelos países democráticos permanecerão, e talvez até se tornem mais assustadores.

Neste último capítulo, apresentarei um rápido esboço de muitas dificuldades. Focalizarei principalmente as democracias mais antigas, em parte para facilitar minha tarefa, mas também porque acredito que, mais cedo ou mais tarde (provavelmente mais cedo), os países recentemente democratizados ou ainda em fase de transição para a democracia enfrentarão problemas como os que estão à espera das democracias mais antigas.

Dado o que aconteceu antes, nenhum dos problemas que mencionarei deve surpreender muito. Não tenho grandes dúvidas de que haverá outros. Lamentavelmente, aqui não posso ter a esperança de oferecer soluções, o que exigiria outro livro – ou melhor, muitos outros livros. Em todo caso, podemos ter a razoável certeza de uma coisa: a natureza e a característica da democracia dependerão grandemente da maneira como os cidadãos e os líderes resolvam as dificuldades que descreverei a seguir.

Dificuldade 1: a ordem econômica

É improvável que o capitalismo de mercado seja suplantado nos países democráticos. Consequentemente, a coabitação antagônica descrita nos Capítulos 13 e 14 certamente persistirá em uma ou outra forma.

Nenhuma alternativa comprovadamente superior a uma economia predominantemente de mercado está à vista em qualquer lugar. Em uma mudança sísmica nas perspectivas, pelo final do século XX poucos cidadãos em países democráticos tinham grande confiança na possibilidade de descobrir e introduzir um sistema planificado que seria mais favorável à democracia e à igualdade política e, ainda assim, eficaz o bastante na produção de bens e serviços para ser igualmente aceitável. Nos dois séculos precedentes, socialistas, planejadores, tecnocratas e muitos outros alimentaram ideias de que os mercados seriam ampla e permanentemente substituídos pelo que acreditavam ser processos mais ordenados, mais bem planejados e mais justos para tomar decisões econômicas sobre a produção, a cotação de preços e a distribuição de bens e serviços. Essas ideias quase caíram no esquecimento. Sejam quais forem os seus defeitos, uma economia predominantemente de mercado parece ser a única opção para os países democráticos no novo século.

Em compensação, o fato de uma economia em que predomina o mercado exigir que as empresas econômicas sejam possuídas e controladas em suas formas capitalistas prevalecentes é bem menos certo. Os "governos" internos das firmas capitalistas caracteristicamente não são democráticos; às vezes são praticamente despotismos administrativos. Além do mais, a propriedade das firmas, os lucros e outros ganhos resultantes da propriedade são distribuídos de maneira muitíssimo desigual. A propriedade desigual e o controle de importantes empresas econômicas por sua vez contribuem em grande parte para a desigualdade nos recursos políticos mencionados no Capítulo 14 e, assim, para consideráveis violações da igualdade política entre os cidadãos democráticos.

Apesar desses obstáculos, pelo final do século XX as alternativas históricas ao controle e à propriedade capitalista perderam boa parte de seu apoio. Os partidos trabalhistas, socialistas e social-democráticos há muito abandonaram a nacionalização da indústria como objetivo. Os governos liderados por esses partidos, ou que pelo menos os incluem como parceiros ansiosos, rapidamente privatizaram as empresas estatais. A única experiência digna de nota de uma economia de mercado socialista, em que empresas "de propriedade social" funcionando num contexto de mercado eram internamente governadas por representantes dos trabalhadores (pelo menos em princípio), foi extinta quando se desintegraram a Iugoslávia e seu governo comunista hegemônico. Para falar a verdade, nos países capitalistas mais antigos, algumas firmas de propriedade dos empregados não apenas existem, mas prosperam. Não obstante, os movimentos sindicalistas, os partidos trabalhistas e os trabalhadores em geral não defendem muito seriamente uma ordem econômica em que predominam firmas possuídas e controladas por seus empregados e trabalhadores.

No fundo, é quase certo que a tensão entre os objetivos democráticos e uma economia capitalista de mercado continue indefinidamente. Existirá melhor maneira de preservar as vantagens do capitalismo de mercado e ao mesmo tempo reduzir seus custos para a igualdade política? As respostas proporcionadas por líderes e cidadãos nos países democráticos determinarão em grande parte a natureza e as características de democracia no novo século.

Dificuldade 2: a internacionalização

Já vimos por que é provável que a internacionalização venha a expandir o domínio das decisões tomadas pelas elites políticas e burocráticas à custa dos controles democráticos. Como afirmei no Capítulo 9, de uma perspectiva democrática, a dificuldade imposta pela internacionalização é garantir que os custos para a democracia sejam totalmente levados em conta quando as decisões passarem ao nível internacional e reforçarem os meios de responsabilizar as elites políticas e burocráticas por suas decisões. Agora, *se* e *como* esses meios serão realizados é algo que não está muito claro.

Dificuldade 3: a diversidade cultural

Como vimos na Capítulo 12, uma homogeneidade cultural moderada foi favorável ao desenvolvimento e à estabilidade da democracia em muitos dos países democráticos mais antigos. Durante as últimas décadas do século XX, dois fatos nesses países contribuíram para um aumento na diversidade cultural. Ambos, provavelmente, continuarão pelo século XXI adentro.

Em primeiro lugar, alguns cidadãos que habitualmente incorriam em discriminação juntaram-se em movimentos de identidade cultural que buscavam proteger seus direitos e interesses. Entre esses movimentos estavam os das pessoas de cor, mulheres, *gays* e lésbicas, minorias linguísticas, grupos étnicos vivendo em suas regiões históricas, como os escoceses e os galeses na Grã-Bretanha, os falantes do francês no Quebec e outros.

Em segundo lugar, a diversidade cultural nos países democráticos mais antigos foi magnificada por um número maior de imigrantes, normalmente marcados por diferenças étnicas, linguísticas, religiosas e culturais que os distinguiam da população dominante. Por inúmeras razões, é provável que a imigração, legal ou ilegal, contribua indefinidamente para um aumento significativo da diversidade cultural nas democracias mais antigas. Por exemplo, as diferenças econômicas estimulam os cidadãos dos países mais pobres a se mudarem para os países democráticos ricos, na esperança de fugir da pobreza. Outros apenas desejam melhorar a qualidade de suas vidas e emigram para um país rico dotado de maiores oportunidades. O número de pessoas que procuram se mudar para as democracias mais antigas aumentou ainda mais nos últimos anos do século XX, com uma inundação de refugiados aterrorizados tentando escapar da violência, da repressão, do genocídio, da fome, da "limpeza étnica" e de outros horrores que tiveram de enfrentar em seus países de origem.

As pressões internas somavam-se a essas pressões externas. Empregadores esperavam contratar imigrantes com níveis salariais e condições de trabalho que já não atraíam mais seus compatriotas. Imigrantes recentes queriam que os parentes no exterior se juntassem a eles. Cidadãos movidos por sentimentos humanitários e simples justiça não desejavam forçar esses imigrantes a permanecer para sempre em campos de refugiados ou enfrentar a miséria, o terror e, possivelmente, a morte imediata esperando-os em seu país.

Diante de pressões externas e internas, os países democráticos descobriram que suas fronteiras eram mais porosas do que pressupunham. Era impossível prevenir a entrada ilegal por terra ou por mar sem enormes gastos para o policiamento das fronteiras, de maneira que, à parte os custos, muitos cidadãos consideravam desagradável ou intoleravelmente desumana.

Parece-me improvável que a diversidade cultural e a dificuldade que ela impõe diminuam neste novo século. É bem mais provável que essa diversidade aumente.

Se nem sempre no passado trataram da diversidade cultural de maneira coerente em relação às práticas e aos valores democráticos, os países democráticos poderão fazer melhor no futuro? Será que realmente farão melhor? Os variados arranjos descritos no Capítulo 12 e no Apêndice B oferecem possíveis soluções que se estendem da assimilação, num extremo, à independência, no outro. Talvez haja outras. De qualquer modo, mais uma vez a natureza e a característica da democracia dependerão enormemente dos arranjos criados pelos países democráticos para tratar da diversidade cultural de seu povo.

Dificuldade 4: a educação cívica

Embora nas páginas anteriores eu não tenha dito muito sobre a educação cívica, você lembrará que um critério essencial para o processo democrático é a compreensão esclarecida: dentro de razoáveis limites de tempo, cada cidadão deve ter oportunidades iguais e efetivas de aprender sobre as políticas alternativas pertinentes e suas prováveis consequências.

Na prática, *como* é que os cidadãos costumam adquirir a educação cívica? Os países democráticos mais antigos criaram muitas rotas para a compreensão da política. Para começar, a maioria dos cidadãos recebe uma quantidade de educação formal suficiente para assegurar a alfabetização. Sua compreensão da política aumenta mais com a ampla disponibilidade da informação pertinente, que pode ser obtida a baixo custo na mídia. A competição entre os que desejam postos políticos acrescenta-se a este sortimento, pois os partidos e os candidatos ansiosamente oferecem informação aos eleitores (às vezes, entremeada com a *des-informação!*) sobre sua história e suas intenções. Graças aos partidos políticos e às organizações de interesse, a quantidade de informação que os cidadãos *precisam* para estar bem informados, envolvidos ativamente na política e politicamente eficazes na verdade é diminuída para chegar a níveis mais acessíveis. Um partido político normalmente tem uma história que os eleitores conhecem em linhas gerais, uma direção atual que, em geral, é a extensão de seu passado e um futuro bastante previsível. Assim, os eleitores têm menos necessidade de entender cada uma das questões públicas importantes – em vez disso, simplesmente votam em candidatos do partido que escolheram confiando em que, se eleitos, esses representantes adotarão políticas de acordo com seus interesses.

Muitos cidadãos também pertencem a associações organizadas para proteger e promover seus interesses específicos: grupos de interesse, organizações lobistas, grupos de pressão. Os recursos, as habilidades políticas e o conhecimento especializado disponível nesses grupos de interesse organizados proporcionam aos cidadãos um tipo especial e, em geral, muitíssimo eficaz de representação na vida política.

Devido à competição partidária, à influência das organizações de interesse e às eleições competitivas, os líderes políticos presumem que serão responsabilizados por realizar (ou pelo menos *tentar*) o programa de seus partidos e as promessas de campanha. Além do mais, embora de modo geral se acredite no contrário, nos países democráticos mais antigos eles normalmente o fazem.[1]

Por fim, importantes decisões governamentais normalmente ocorrem por incremento, não por grandes saltos no escuro. Como é dado um passo de cada vez, as mudanças incrementais tendem a evitar desastres paralisantes. Cidadãos, especialistas e líderes aprendem com os erros, enxergam as correções necessárias, modificam a política de ação – e assim por diante. O processo é repetido tantas vezes quantas forem necessárias. Embora cada passo pareça decepcionantemente pequeno, com o tempo esse avanço gradual produzirá mudanças profundas, até *revolucionárias*. Contudo, as mudanças ocorrem pacificamente e adquirem um apoio público tão vasto, que tendem a durar.

Para alguns observadores, essa maneira incremental de tratar da questão *nas coxas* parece totalmente irracional, mas num exame mais atento parece uma forma bastante racional de realizar importantes mudanças em um mundo de grande incerteza.[2] As decisões mais desastrosas no século XX foram as tomadas por líderes autoritários

---

[1] Essa é essencialmente a descoberta de diversos estudos cuidadosos. Compare o estudo de 13 países democráticos feito por Hans-Dieter Klingeman, Richard I. Hofferbert, Ian Budge *et al.*, *Parties, Policies and Democracy*, Boulder, Westview, 1994. Um estudo de 38 governos em 12 países democráticos também encontrou enorme congruência entre as ideias dos cidadãos e as dos que tomavam as decisões, embora essa congruência fosse mais elevada em países com sistemas eleitorais de representação proporcional do que em países com sistemas FPTP; John D. Huber e G. Bingham Powell Jr., "Congruence Between Citizens and Policy Makers in Two Visions of Liberal Democracy", *World Politics* 46, 3, abril de 1994, p. 29 ss.

[2] Charles E. Lindblom mostrou a racionalidade do "pensamento obscuro" por métodos incrementais em artigo original, "The Science of Muddling Through", *Public Administration Review* 19, 1959, p. 78-88. Veja também Lindblom, "Still Muddling, Not Yet Through", *Democracy and Market System*, Oslo, Norwegian University Press, 1988, p. 237-262. Lindblom também usou a expressão *incrementalismo desarticulado*, sobre o que muito escreveu. Veja seu *The Intelligence of Democracy: Decision Making Through Mutual Adjustment*, Nova York, Free Press, 1965.

livres das restrições democráticas. Enquanto as democracias *se viravam* de alguma forma, líderes despóticos encerrados em uma visão de mundo estreita adotavam políticas de autodestruição.

Assim, com todas as suas imperfeições, essa solução convencional para atingir um bom nível de competência cívica tem muito a ser dito a seu favor.[3] No entanto, receio que ela não continuará satisfatória no futuro. Três fatos interrelacionados me parecem ter a probabilidade de tornar muito insuficiente a solução convencional.

Mudanças na escala

Devido à maior internacionalização, ações que afetam de modo considerável a vida dos cidadãos abrangem áreas cada vez mais amplas e números cada vez maiores de pessoas dentro de seus limites.

Complexidade

Embora o nível médio da educação formal tenha subido em todos os países democráticos (e provavelmente continuará a subir), a dificuldade para entender os negócios públicos também aumentou e pode ter superado as conquistas de níveis superiores de educação. Durante os últimos cinquenta e tantos anos, o número de questões diferentes que interessam aos políticos, ao governo e ao Estado aumentou em todos os países democráticos. Nenhuma pessoa pode

---

[3] Por exemplo, Benjamin I. Page chega a um veredito favorável sobre os eleitores norte-americanos em *Choices and Echoes in Presidential Elections: Rational Man and Electoral Democracy*, Chicago, University of Chicago Press, 1978. Não obstante, Michael X. Delli Carpini e Scott Keeler concluem que "uma das descobertas mais importantes – e mais perturbadoras – de nossa pesquisa são as grandes lacunas de conhecimentos encontradas entre os grupos em desvantagem socioeconômica e os mais privilegiados", *What Americans Know About Politics and Why It Matters*, New Haven e Londres, Yale University Press, 1989, p. 287. James Fishkin, *The Voice of the People, Public Opinion and Democracy*, New Haven e Londres, Yale University Press, 1995, faz uma crítica mais severa, com recomendações para a introdução de novas instituições para ajudar na superação das deficiências de compreensão.

ser especialista em todas essas questões – em mais de algumas, na verdade. Por fim, as opiniões sobre políticas não estão apenas repletas de incerteza, mas em geral exigiam difíceis julgamentos sobre as negociações.

Comunicações

Durante o século XX, o quadro de referências social e técnico da comunicação humana passou por extraordinárias mudanças nos países avançados: telefone, rádio, televisão, fax, televisão interativa, Internet, pesquisas de opinião quase simultâneas aos eventos, grupos temáticos e assim por diante. Devido aos custos relativamente baixos da comunicação e da informação, a quantidade bruta de informação disponível sobre questões políticas em todos os níveis de complexidade aumentou imensamente.[4] Não obstante, essa disponibilidade maior da informação talvez não leve a uma competência maior ou maior compreensão – a escala, a complexidade e a maior quantidade de informação impõem exigências sempre mais pesadas às capacidades dos cidadãos.

Por essa razão, uma das necessidades imperativas dos países democráticos é melhorar a capacidade do cidadão de se envolver de modo inteligente na vida política. Não pretendo sugerir que as instituições para a educação cívica criadas nos séculos XIX e XX devam ser abandonadas, mas acredito que nos próximos anos essas velhas instituições precisarão ser melhoradas pelos novos meios da educação cívica, da participação política, da informação e da deliberação que usam criativamente a série de técnicas e tecnologias disponível no século XX. Mal começamos a pensar a sério a respeito dessas possibilidades, menos ainda a testá-las em experimentos de pequena escala...

Será que os países democráticos – novos, antigos ou em transição – conseguirão corresponder a essas dificuldades e a outras que

---

[4] Em 1930, um telefonema de três minutos de Nova York para Londres custava cerca de 300 dólares (pelo dólar de 1996); em 1996, custava mais ou menos um dólar, *Economist*, 18 de outubro de 1997, p. 79.

certamente terão de enfrentar? Se falharem, a lacuna entre ideais e realidades democráticas, já grande, aumentará bem mais, e a era de triunfo democrático será seguida por uma era de decadência e queda da democracia.

Por todo o século XX, os países democráticos jamais faltaram para os críticos, que anunciavam confiantes que a democracia estava em crise, em sério perigo ou mesmo condenada. Muito bem, provavelmente algumas vezes correu um sério perigo – mas não esteve condenada. Acontece que os pessimistas estavam prontos para renunciar à democracia. Destruindo suas funestas previsões, a experiência revelou que, uma vez firmemente estabelecidas num país, as instituições democráticas se mostrariam notavelmente vigorosas e exuberantes. As democracias revelaram uma inesperada capacidade para tratar dos problemas que tiveram de enfrentar – sem muita elegância e sem grande perfeição, mas de modo satisfatório.

Se as democracias mais antigas enfrentam e superam suas dificuldades no século XX, elas poderiam afinal se transformar em democracias verdadeiramente avançadas. O sucesso das democracias avançadas proporcionaria então um farol para todos os que acreditam na democracia pelo mundo afora.

Apêndice A

Os sistemas eleitorais

Se você deseja aprender mais sobre os sistemas eleitorais, um bom lugar para começar é *The International IDEA Handbook of Electoral System Design*, editado por Andrew Reynolds e Ben Reilly (Estocolmo, International Institute for Democracy and Electoral Assistance, 1997). Ele divide o "mundo dos sistemas eleitorais" em três grandes famílias: os sistemas pluralistas de maioria, os sistemas de representação proporcional e os sistemas de representação semiproporcional. O sistema *First-Past-the-Post* – FPTP, comparado ao sistema de Representação Proporcional no Capítulo 11, é apenas um dos quatro tipos dos sistemas pluralistas de maioria. Entre os outros estão o sistema de voto alternativo, o VA (também conhecido como sistema de *voto preferencial*), e o sistema de eleições em dois turnos usado na França.

Embora o sistema de voto alternativo seja usado somente na Austrália (e numa forma alterada no Estado de Nauru, uma ilha do Pacífico), alguns cientistas políticos o apoiam vigorosamente. Nesse sistema, os candidatos podem ser escolhidos a partir de distritos com um único membro, como acontece no FPTP. Contudo, ao contrário do FPTP, os eleitores classificam os candidatos: um como primeira opção, dois como segunda, três como terceira, e assim por diante. Se nenhum candidato obtém a maioria dos votos, o candidato com o total mais baixo é eliminado e as segundas opções dos eleitores são contadas. Isso continua até que um candidato obtenha 50% dos votos. O sistema de dois turnos dos franceses visa a resultado semelhante. Ambos evitam o defeito potencial do FPTP: se mais de dois candidatos disputam um posto, este poderá ser conquistado por um candidato que a maioria dos eleitores rejeitaria, se lhes fosse dada a opção. Na verdade, o sistema de voto alternativo proporciona essa oportunidade.

Os sistemas de representação proporcional caem em três grupos. O mais comum, de longe, é o sistema de lista, em que os eleitores escolhem os candidatos de uma lista fornecida pelos partidos políticos; o número de candidatos eleitos está estritamente relacionado com a proporção de votos lançados para o partido do candidato. No sistema misto proporcional de participantes usado na Alemanha, na Itália e ultimamente também na Nova Zelândia, alguns candidatos (por exemplo, a metade) são escolhidos de uma lista nacional de representação proporcional e os outros de distritos com um só membro. Assim, argumentam seus defensores, o sistema de lista fornece parte da proporcionalidade do sistema de representação proporcional, mas, como o FPTP, tem maior probabilidade de produzir uma maioria parlamentar do que um sistema puro de representação proporcional.

Um sistema de representação proporcional muitas vezes defendido pelos cientistas políticos mas raramente utilizado (a exceção é a Irlanda, onde é empregado desde 1921) é o sistema de voto único transferível, VUT. Como acontece no sistema de voto alternativo descrito anteriormente, os eleitores classificam os candidatos – mas, ao contrário do sistema VA, o VUT é empregado em *distritos com muitos participantes*. Seguindo um método de contagem de votos muito complexo para ser aqui descrito, o VUT assegura que nos distritos com muitos membros os postos sejam conquistados pelos candidatos de classificação mais elevada, produzindo uma distribuição bastante proporcional dos assentos entre os partidos políticos. Embora os eleitores na Irlanda pareçam muito satisfeitos com o VUT, é bem provável que sua complexidade tenha desestimulado seu uso em outros cantos.

O manual descreve nove sistemas e suas consequências. Além do mais, ele também proporciona um judicioso "Aconselhamento para quem planeja um sistema eleitoral". Seguidas de curta explicação, estas são algumas de suas recomendações:

- Mantenha a simplicidade.
- Não tenha medo de inovar.
- Erre a favor da inclusão.
- Estabeleça a legitimidade e a aceitação entre todos os atores essenciais.
- Procure maximizar a influência do eleitor.
- Equilibre isso em relação ao estímulo a partidos políticos coerentes.

A existência de um número razoavelmente grande de opções de sistemas eleitorais nos aponta três observações. Em primeiro lugar, se um país democrático possui um sistema eleitoral que não serve muito bem às suas necessidades, deve substituí-lo. Em segundo lugar, o sistema eleitoral de um país pode ser talhado de acordo com seus aspectos particulares: históricos, tradicionais, culturais, e assim por diante. Em terceiro lugar, antes de adotar um novo sistema eleitoral (ou decidir manter o existente), as possíveis alternativas devem ser cuidadosamente investigadas com a ajuda de competentes especialistas em sistemas eleitorais.

Apêndice B

A acomodação política nos países étnica ou culturalmente divididos

Os arranjos criados em países democráticos para assegurar um grau satisfatório de acomodação política entre diferentes subculturas caem mais ou menos em dois tipos – "democracia de associação" e arranjos eleitorais.

As democracias consociacionais resultam na formação de *grandiosas coalisões* de líderes políticos *depois* de eleições sob sistemas de representação proporcional que assegurem a cada subcultura uma parcela de assentos no Legislativo mais ou menos proporcional ao relativo tamanho de seu voto. A principal autoridade nessa questão é Arend Lijphart, que nos dá uma boa visão panorâmica em seu *Democracy in Plural Societies: A Comparative Exploration* (New Haven e Londres, Yale University Press, 1977, Cap. 3, p. 53-103).

Existiram sistemas de democracia consociacional na Suíça, na Bélgica, na Holanda de mais ou menos 1917 aos anos 1970 e na Áustria, de 1945 a 1966. Os tipos de subculturas e os arranjos políticos para a obtenção do consenso eram diferentes em cada país. Os *suíços* diferem entre si na língua materna (alemão, francês, italiano e romanche), na religião (protestante, católica) e no cantão. As diferenças em língua e religião até certo ponto se entrelaçam: alguns alemães são protestantes e alguns católicos, ao passo que alguns franceses são católicos e outros protestantes. Esse entrelaçamento das diferenças atenuou os conflitos de língua e religião, que praticamente não existem na Suíça moderna. Os cantões menores são caracteristicamente bastante homogêneos em relação à língua e à religião, um resultado da história e do planejamento. Os arranjos políticos consensuais do país estão recomendados pela Constituição da Confederação Suíça, mas têm grande apoio nas atitudes e na cultura política do povo suíço.

Os *belgas* diferem em língua (francês e flamengo), religião (protestantes, agnósticos, católicos) e região. Duas províncias são bastante homogêneas. Uma, vizinha da França, é predominantemente de fala francesa e protestante ou agnóstica; a outra, vizinha da Holanda, é flamenga e católica; no centro, Bruxelas é mista. O sistema político consensual consiste de gabinetes multipartidários e governos de coalisão que normalmente incluem representantes do segmento protestante francófono e do segmento católico e flamengo.

Durante muitas gerações, os *holandeses* estiveram seriamente divididos em quatro "pilares" distintos: católico, protestante, socialista e liberal. Essas diferenças interpenetravam praticamente todos os relacionamentos e atividades, da política ao casamento, vizinhança, clubes, sindicatos, jornais e outros. Um conflito sobre a educação religiosa que irrompia em escolas apoiadas pelo Estado, em que representantes dos dois pilares religiosos eram lançados contra os defensores dos dois grupos leigos, mostrava-se tão ameaçador para a estabilidade da democracia holandesa que depois de 1917 foi criado um sistema "consociacional" em que todos os quatro grupos estavam representados no gabinete e as decisões exigiam o consentimento de todos os quatro (veja Arend Lijphart, *The Politics of Accomodation: Pluralism and Democracy in the Netherlands* [Berkeley, University of California Press, 1968]). A solução dos holandeses para o conflito relativo às escolas foi providenciar o apoio do Estado para as escolas separadas de cada um dos quatro "pilares". Quando a intensidade das diferenças religiosas diminuiu nos anos 1970, também diminuiu a necessidade de coalisões para um governo dos quatro partidos. Entretanto, o sistema multipartidário e a representação proporcional garantiram que os governos na Holanda continuassem a ser coalisões de diversos partidos.

Sem dúvida, democracias consociacionais bem-sucedidas são raras porque as condições que ajudam a torná-las viáveis são raras (em *Democracy in Plural Societies*, Lipjhart descreve nove dessas condições favoráveis). A conveniência da solução consociacional para sociedades divididas tem sido contestada com estas fundamentações: (1) em muitos países culturalmente divididos, as condições favoráveis (e talvez necessárias) são frágeis demais ou não existem; (2) os arranjos consociacionais reduzem imensamente o importante papel da *oposição* no governo democrático (para esta crítica, veja "South Africa's Negotiated Transition: Democracy, Opposition, and the New Constitutional Order", de Courtney Young e Ian Shapiro, *Democracy's Place*, Shapiro, ed. [Ithaca, Cornell University Press, 1996], p. 175-219); e (3) alguns críticos preocupam-se com a possibilidade de vetos mútuos e com a necessidade de consenso que levassem a exagerado impasse. Por exemplo, em diversos meses, a Holanda era obrigada a criar um gabinete multipartidário aceitável para todos os "pilares". Uma vez aprovada a coalizão do gabinete, o impasse não chegava a ser um problema.

Alguns cientistas políticos argumentam que uma alternativa possível seria a elaboração de arranjos eleitorais que proporcionassem bons incentivos para os líderes políticos formarem coalisões *eleitorais antes* e *durante* as eleições parlamentares ou presidenciais (veja, por exemplo, Donald L. Horowitz, *Ethnic Groups in Conflict* [Berkeley, University of California Press, 1985] e *A Democratic South Africa? Constitutional Engineering in a Divided Society* [Berkeley, University of California Press, 1991]). Ainda se desconhece a melhor maneira de chegar a isso. É evidente que o FPTP é o menos desejável dos sistemas, porque poderia permitir a um grupo adquirir uma esmagadora maioria de assentos, tornando desnecessárias a negociação, as soluções conciliatórias e as coalizões. Alguns observadores encontram méritos no sistema do voto alternativo descrito no Apêndice A. As *exigências de distribuição* poderiam obrigar os candidatos à presidência a obter uma porcentagem mínima de votos de mais de uma das principais subculturas ou grupos étnicos. (Não obstante, no Quênia, apesar da exigência de que

> para ser eleito presidente o candidato deve receber pelo menos 25% dos votos em pelo menos cinco das oito províncias..., em 1992, uma oposição dividida permitiu a Daniel Arap Moi tornar--se presidente com apenas 35% da votação [*The International IDEA Handbook of Electoral System Design*, editado por Andrew

Reynolds e Ben Reilly – Estocolmo, Instituto Internacional para a Democracia e Assistência Eleitoral, 1997, p. 1.090].)

Ou então os principais postos poderiam ser distribuídos entre os principais grupos étnicos segundo uma fórmula fixa com a qual todos concordaram. Entretanto, nenhum desses garante um fim permanente a conflitos culturais divisivos. Sob a tensão do conflito étnico, todos os arranjos criativos que levaram a estabilidade por algum tempo ao Líbano, à Nigéria e ao Sri Lanka irromperam em guerra civil ou governo autoritário.

Há uma conclusão aparentemente inevitável: não existe nenhuma solução *geral* para os problemas dos países culturalmente divididos. Qualquer solução deverá ser feita sob medida em relação à configuração apresentada por cada país.

Apêndice C

A contagem dos países democráticos

Quantos países democráticos existem? Em que ponto de uma escala entre "democracia" e "autocracia" entraria uma determinada nação – como a do leitor, por exemplo? Imagino eu que alguns leitores deste livro sintam muita necessidade de obter uma contagem precisa, bem fundamentada e atualizada do número de países democráticos, e que outros desejarão encontrar uma resposta para a segunda pergunta. Para encontrar esta resposta, é preciso responder antes à primeira.

Não é nada fácil. Uma coisa é dizer que um país democrático deve possuir todas as instituições da poliarquia descritas no Capítulo 8, mas outra bem diferente é julgar se elas realmente existem num determinado país. Concluir que um país é democrático, no sentido de possuir as instituições políticas da democracia poliárquica, exige pelo menos dois critérios: que as instituições *realmente existam* no país e que existam em ou acima de algum *limite ou linha*, abaixo da qual diríamos que o país não é democrático. Um vasto estoque de informação sobre os países do mundo providenciado por observadores independentes ajuda imensamente a chegar-se ao primeiro critério. O segundo é mais complicado e um tanto arbitrário. Uma solução é presumir que a linha está mais ou menos no nível existente nos países europeus e nos de língua inglesa – as democracias mais antigas. Implícita ou explicitamente, essa é a solução comum. Julgamos que um país é "democrático" apenas se as grandes instituições políticas democráticas existem ali num nível relativo.

Nos últimos anos, muitos estudiosos e muitas organizações de pesquisa tentaram chegar a opiniões bastante bem fundamentadas em relação a países que correspondem satisfatoriamente ou não aos critérios democráticos. Para isso, eles usaram muitas vezes critérios semelhantes mas não idênticos. Felizmente, os resultados tendem a concordar, ainda que a linha exata entre "democracia" e "não democracia" seja um tantinho arbitrária. Mencionarei três esforços desse tipo à guisa de ilustração. Uma tabela em meu livro *Democracy and Its Critics* (New Haven e Londres, Yale University Press, 1989) mostra o aumento no número de democracias poliárquicas de 1850 a 1979; usei essa tabela para a Figura 1 (pág. 18). Uma outra tabela desse mesmo livro (Tabela 17.3, na p. 241) classifica 168 países, *circa* 1981-1985, em sete categorias, indo de poliarquias plenas, em que existem quatro das principais instituições políticas democráticas, a regimes autoritários extremos, em que não existe nenhuma. Essas duas tabelas basearam-se no trabalho de Michael Coppedge e Wolfgang Reinicke, que usaram a melhor informação disponível para julgar o nível relativo em cada país para cada uma das quatro instituições democráticas básicas: eleições livres e justas, liberdade de expressão, fontes alternativas e independentes de informação e autonomia associativa. Eles explicam seu método em "Measuring Polyarchy", *Studies in Comparative International Development* 25, 1 (Primavera de 1990), p. 51-72, que envolve uma enorme quantidade de pesquisa cuidadosa e não foi repetido. (Contudo, Coppedge descreve rapidamente a escala e emprega produtivamente as velhas classificações de "Modernization and Thresholds of Democracy: Evidence for a Common Path", *Inequality, Democracy, and Economic Development*, editado por Manus I. Midlarsky [Cambridge, Cambridge University Press, 1977], p. 177-201.)

Uma fonte útil diferente, prontamente disponível e atualizada, é a publicação anual da organização não partidária Freedom House, *Freedom in the World: The Annual Survey of Political Rights and Civil Liberties, 1996-1997*. Se tiver acesso à Internet, você encontrará a lista de países em: http://www.fredomhouse.org/political/frtable1.htm. A Freedom House classifica os países em duas escalas, cada uma delas indo de mais livre (1) a menos livre (7), uma para os direitos civis e outra para as liberdades civis. Quando contei todos os países com a classificação 1, mais livre, em direitos políticos, e 1, 2 ou 3 em liberdades civis, descobri que 56 países correspondiam aos dois critérios e todos, penso eu, cabiam muito bem em outros critérios sobre as instituições democráticas nesses países. Contudo, nem a Índia, nem o Brasil nem a Rússia atingiram esses níveis: a Freedom House classifica a Índia como 2 em direitos políticos e 4 em liberdades civis; a Rússia, 3 em direitos políticos e 4 em liberdades civis. Se tivéssemos de incluí-los, o total chegaria a 58 países.

Outra fonte é uma análise feita pela Universidade do Colorado em 1994 de 157 países, que a Polity III mantém no seguinte *site* da Internet: http://isere.colorado.edu/pub/dataset/polity3.

Os 157 países recebem uma pontuação numa escala de 10 para a democracia (0 = baixa, 10 = alta) e em outra, também de 10, para a autocracia (0 = baixa, 10 = alta). Desses, 65 países receberam uma pontuação de 0 para autocracia e pontuações de 8, 9 ou 10 para democracia. Esse é o total mostrado para 1995 na Figura 1. Embora fosse razoável que chamássemos de "democráticos" todos esses países, ainda poderíamos julgá-los "democráticos" em variados graus, por assim dizer. Então seria possível classificarmos os 35 países com 10 na escala democracia como os "mais democráticos", os sete com 9 pontos como "razoavelmente democráticos" e os 23 com 8 pontos como "levemente democráticos".

Contudo, a Polity III omite a maioria dos microestados, países como a república de San Marino (com 24 mil habitantes) ou as pequenas ilhas do Caribe e do Pacífico, como Barbados (56 mil habitantes) ou a Micronésia (123 mil habitantes). Não obstante, na escala da Freedom House, San Marino, Barbados e a Micronésia estão no topo em direitos políticos e liberdades civis, merecendo estar entre os países "mais democráticos".

Resumindo: embora pareça não existir uma contagem completa, confiável e atualizada de todos os países democráticos no mundo, as duas fontes permitem estimativas bastante boas. O mais importante para os leitores deste livro talvez seja o fato de que essas duas fontes permitirão ver como especialistas independentes classificam um determinado país com medidas diretamente pertinentes para a democracia.

Referências bibliográficas

É imenso o número de livros e artigos que tratam direta ou indiretamente do assunto *democracia*. Eles datam desde o século IV a.c., com obras de Aristóteles e Platão, e não menos de uma centena de obras publicadas no ano passado. Evidentemente, a lista apresentada a seguir está incompleta, a seleção talvez seja um tanto arbitrária. Em todo caso, se você quiser investigar um tópico mais profundamente do que permite meu breve tratamento ou se desejar explorar a democracia a partir de outro ponto de vista, esta lista poderá ajudar. Já citei algumas obras nas notas.

A origem e o desenvolvimento da democracia

ADCOCK, F. E. *Roman Political Ideas and Practice*. Ann Arbor: University of Michigan Press, 1959.
AGARD, Walter R. *What Democracy Meant to the Greeks*. Madison: University of Wisconsin Press, 1965.
HANSEN, Morgens Herman. *The Athenian Democracy in the Age of Demosthenes: Structure, Principles, and Ideology*. Traduzido para o inglês por J. A. Cook. Oxford: Blackwell, 1991.
HUNTINGTON, Samuel P. *The Third Wave: Democratization in the Late Twentieth Century*. Norman: University of Oklahoma Press, 1991.
JONES, A. H. M. *Athenian Democracy*. Oxford: Blackwell, 1957.
TAYLOR, Lily R. *Roman Voting Assemblies from the Hannibalic War to the Dictatorship of Caesar*. Ann Arbor: University of Michigan Press, 1966.
VANHANEN, Tatu. *The Process of Democratization: A Comparative Study of 147 States, 1980-88*. Nova York: Crane Russak, 1990.

Vantagens, ideais e metas democráticas

BARBER, Benjamin R. *Strong Democracy: Participatory Politics for a New Age*. Berkeley: University of California Press, 1984.

BOBBIO, Norberto. *The Future of Democracy: A Defence of the Rules of the Game*. Traduzido para o inglês por Roger Griffin. Editado e introduzido por Richard Bellamy. Cambridge: Polity Press, 1987. [Originalmente publicado como *Il futuro della democrazia*. Turim: Giulio Editore, 1984.]

CHRISTOPHERSEN, Jens A. *The Meaning of "Democracy" as Used in European Ideologies from the French to the Russian Revolution*. Oslo: Universitetsforlaget, 1968.

FISHKIN, James. *Democracy and Deliberation: New Directions for Democratic Reform*. New Haven/Londres: Yale University Press, 1991.

GUTMANN, Amy. *Liberal Equality*. Cambridge: Cambridge University Press, 1980.

HELD, David. *Models of Democracy*. 2. ed. Stanford: Stanford University Press, 1996.

MANSBRIDGE, Jane J. *Beyond Adversarial Democracy*. Nova York: Basic Books, 1980.

MILL, John Stuart. *Considerations on Representative Government*. Nova York: Liberal Arts Press, 1958 [1861].

PATEMAN, Carole. *Participation and Democratic Theory*. Cambridge: Cambridge University Press, 1970.

ROUSSEAU, Jean-Jacques. *Du Contrat Social, ou Principes de droit politique*. Paris: Éditions Garnier Frères, 1962 [1762].

_____. *On the Social Contract, with Geneve Manuscript and Political Economy*. Editado por Roger D. Masters e traduzido para o inglês por Judith R. Masters. Nova York: St. Martin's Press, 1978.

SARTORI, Giovanni. *The Theory of Democracy Revisited*. Catham, NJ: Catham House, 1987.

SEN, Amartya. "Freedoms and Needs". *New Republic*, 10 e 17 de janeiro de 1994, p. 31-38.

SHAPIRO, Ian. *Democracy's Place*. Ithaca: Cornell University Press, 1996.

_____. *Democratic Justice* [no prelo]. New Haven/Londres: Yale University Press.

A verdadeira democracia: instituições e práticas

DIAMOND, Larry *et al.* (eds.) *Consolidating the Third Wave Democracies.* Baltimore: Johns Hopkins University Press, 1997.

KLINGEMAN, Hans-Dieter, HOFFERBERT, Richard I., BUDGE, Ian *et al. Parties, Policies, and Democracy.* Boulder: Westview Press, 1994.

LIJPHART, Arend. *Democracies: Patterns of Majoritarian and Consensus Government in Twenty-one Countries.* New Haven/Londres: Yale University Press, 1984.

_____. *Democracy in Plural Societies: A Comparative Exploration.* New Haven e Londres: Yale University Press, 1977.

LIJPHART, Arend (ed.). *Parliamentary versus Presidential Government.* Oxford: Oxford University Press, 1992.

LINZ, Juan J., VALENZUELA, Arturo (eds.). *The Failure of Presidential Democracy.* Baltimore: Johns Hopkins University Press, 1994.

RAE, Douglas W. *The Political Consequences of Electoral Laws.* New Haven: Yale University Press, 1967.

SARTORI, Giovanni. *Comparative Constitutional Engineering: An Inquiry into Structures, Incentives, and Outcomes.* Londres: Macmillan, 1994.

SHUGART, Matthew Soberg, CAREY, John M. *Presidents and Assemblies: Constitutional Design and Electoral Dynamics.* Nova York: Cambridge University Press, 1992.

WARE, Alan. *Citizens, Parties, and the State: A Reappraisal.* Princeton: Princeton University Press, 1988.

Condições favoráveis e desfavoráveis

ARCHIBUGI, Daniele, HELD, David. (eds.). *Cosmopolitan Democracy: An Agenda for a New World Order.* Cambridge: Polity Press, 1995.

GUTMANN, Amy, THOMPSON, Dennis. *Democracy and Disagreement.* Cambridge: Belknap Press of Harvard University Press, 1996.

HAYEK, Friedrich A. von. *The Road to Serfdom.* Chicago: University of Chicago Press, 1976.

HELD, David (ed.). *Prospects for Democracy, North, South, East, West.* Stanford: Stanford University Press, 1993.

INGLEHART, Ronald. *Culture Shift in Advanced Industrial Society*. Princeton: Princeton University Press, 1990.

_____. *Modernization and Postmodernization: Cultural, Economic, and Political Change in Forty-three Societies*. Princeton: Princeton University Press, 1997.

LINDBLOM, Charles E. *Democracy and Market System*. Oslo: Norwegian Universities Press, 1988.

_____. *The Intelligence of Democracy: Decision Making Through Mutual Adjustment*. Nova York: Free Press, 1965.

_____. *Politics and Markets: The World's Political Economic Systems*. Nova York: Basic Books, 1977.

LINZ, Juan J., STEPAN, Alfred. *Problems of Democratic Transition and Consolidation: Southern Europe, South America, and Post-Communist Europe*. Baltimore: Johns Hopkins University Press, 1996.

POLANYI, Karl. *The Great Transformation*. Nova York: Farrar and Rinehart, 1944.

PRZEWORSKI, Adam. *Democracy and the Market: Political and Economic Reforms in Eastern Europe and Latin America*. Cambridge: Cambridge University Press, 1991.

PUTNAM, Robert D. *Making Democracy Work: Civic Traditions in Modern Italy*. Princeton: Princeton University Press, 1993.

SEN, Amartya. *Inequality Reexamined*. Nova York: Russell Sage Foundation, e Cambridge: Harvard University Press, 1992.

WALZER, Michael. *On Toleration*. New Haven/Londres: Yale University Press, 1997.

Dificuldades e perspectivas

BUDGE, Ian. *The New Challenge of Direct Democracy*. Cambridge: Polity Press, 1996.

BURNHEIM, John. *Is Democracy Possible? The Alternative to Electoral Politics*. Berkeley: University of California Press, 1985.

FISHKIN, James S. *The Voice of the People: Public Opinion and Democracy*. Nova York: Yale University Press, 1997.

GUTMANN, Amy. *Democratic Education*. Princeton: Princeton University Press, 1987.

HIRST, Paul. *Associative Democracy: New Forms of Social and Economic Governance*. Cambridge: Polity Press, 1994.

SCHWEICKART, David. *Capitalism or Worker Control? An Ethical and Economic Appraisal*. Nova York: Praeger, 1980.

Índice

Assembléias de cidadãos: Dinamarca, Islândia, Noruega, Suécia, 28
Assembléias populares. *Veja* Representação, governo representativo
Associações, necessidade, 111
Atenas: adoção do governo democrático, 21; democracia em, 13; governo de, 22; Péricles sobre, 51
Autodeterminação: vantagem democrática, 66-67
Capitalismo de mercado: associado à democracia, 184-186; efeitos prejudiciais à democracia, 191-195
Carta de direitos: nas constituições dos países democráticos, 136
Cidadania, inclusive. *Veja* Sufrágio universal
Competência dos cidadãos. *Veja* Igualdade política
Condições favoráveis e desfavoráveis para a democracia. *Veja* Democracia, condições para
Condições para a democracia. *Veja também* Conflitos culturais; Capitalismo de mercado
Conflitos culturais: Apêndice B, 213; democracia de associação, 170; problema para as democracias, 166; separação, 172; sistemas eleitorais, 171; soluções para a assimilação, 167-170
Consolidação das instituições democráticas, 12
Constituições: importância das diferenças nas, 141-144; opções básicas, 154-156; orientações sobre as, 156-158; variedades nos países democráticos, 135-141
Critérios para um processo democrático, 49
Democracia, condições para: conflitos culturais, 166-173; controle dos militares e da polícia, 165-166; convicções democráticas e cultura, 173; desenvolvimento econômico e economia de mercado, 175; efeitos adversos da intervenção estrangeira, 163-164

Democracia: critérios, 49-52; definição de, 48-49; origens da, 17-35: origem da palavra, 21; principais elementos da, **Fig. 3**, 40; razões para sua disseminação, 180-181; república, 26; transição para a, 12; vantagens, 58-74
Democracia, dificuldades da: a diversidade cultural, 202-203; a informação e a compreensão dos cidadãos, 204-208; a internacionalização, 202; a ordem econômica, 200-201
Democracia em grande escala: instituições políticas necessárias à, 97-113; necessidade de representantes eleitos, 106-109; origens e desenvolvimento, 100-101; resumo da, **Fig. 6**, 99
Democracia participante. *Veja* Representação, governo representativo
Desenvolvimento humano: vantagem democrática, 68-71
Direitos sociais e econômicos nas constituições dos países democrá- ticos, 136-137
Direitos: vantagem democrática, 61-64
Divisões culturais, soluções para: Bélgica, 213-214; Holanda, 213-214; Suíça, 213-214
Eleições. *Veja* Representação, governo representativo
Escala da democracia. *Veja* Tamanho do sistema político
Estado: definição, 52-53
Europa: origens das instituições democráticas na, 27-31
Flandres: início do desenvolvimento democrático, 30-31
Florença: como república, 25
Governo parlamentarista: origens do, 139-141
Governo presidencialista: origens, 139; *versus* sistemas parlamentaristas em países democráticos, 139
Grécia: composta de cidades-estado, 21
Holanda: início do desenvolvimento democrático, 30-31
Igualdade: lógica da, 20; restrição à, 34-35; voto em igualdade como exigência democrática, 49; (*Veja também* Igualdade política)
Igualdade política, justificativa para: competência dos cidadãos, 89-91; igualdade intrínseca, 77-81; inclusão de adultos como critério democrático, 90-92
Inclusão de adultos: critério democrático, 49-50. *Veja também* Igualdade política
Índia: explicações para a democracia, 176-180
Informação: necessidade de fontes alternativas de, 111-112

Inglaterra: crescimento do Parlamento, 31-35; eleitorado de 1831-1931, **Fig. 2**, 34
Instituições democráticas: aprofundamento nas velhas democracias, 12; origens no norte da Europa, 27-31
Interesses pessoais: proteção da democracia, 65-66
Islândia: origens democráticas, 30-31
Itália: governo popular nas cidades-estado, 25
Julgamentos éticos: diferentes das opiniões científicas, 86-88
Legislativo unicameral *versus* bicameral nos países democráticos, 137-138
Liberdade de expressão: necessidade de, 110-111
Lijphart, Arend: sobre a democracia de associação, 213-214
Madison, James: definição de república e de democracia, 26
Mill, James: sobre o "sistema de representação", 119-120
Mill, John Stuart: necessidade do governo representativo, 108-109; sufrágio, 91
Montesquieu, 31; sobre a representação, 119
Organizações internacionais: aspectos não-democráticos das, 128-132
Países democráticos: Apêndice C, 217; número de, 18
Participação: critério democrático, 49; custos da, **Tabela 1**, 122-124
Partidos políticos: bipartidarismo *versus* sistemas multipartidários, 153-154; em países democráticos, 147-154; origens dos, 100-105
Paz, busca da: entre as democracias, 70-71
Poder: tendência a corromper, 87-91
Poliarquia, democracia poliárquica: critérios para a democracia, **Fig. 7**, 106; definição, 104; escala, 116-117
Prosperidade: característica dos países democráticos modernos, 71-74
Referendos em países democráticos, 139
Regimes antidemocráticos, queda, 11
Representação, governo representativo: comparação com os gregos ou democracia de assembléia, 117-120; funcionários eleitos como exigência democrática, 99; Jean-Jacques Rousseau sobre, 118; limites da democracia de assembléias populares, 125-127; necessidade de eleições livres, justas e freqüentes, 109-110; origens não-democráticas, 100-105; os antifederalistas sobre, 118-119
Responsabilidade moral: vantagem democrática, 68

Revisão jurídica nos países democráticos, 137-138
Roma: democracia em, 13; governo, 24-25; república, 23
Rousseau, Jean-Jacques: sobre a representação, 118
Rússia, 11
Sistemas eleitorais: Apêndice A, 209; como solução para conflitos
    culturais, 171; variações nos, 147-158
Sistemas federais *versus* unitários em países democráticos, 136-137
Sociedades de caça e coleta: democracia nas, 19-20
Sufrágio universal: exclusões do, 103-104; exigência democrática,
    13, 92, 111-112. *Veja também* Igualdade política, justificativa para
Suíça: origens democráticas, 28-31
Tamanho do sistema político: conseqüências para as instituições
    democráticas, 104-105; lei do tempo e dos números, 124-125; um
    dilema democrático, 124-125; variações na democracia dependendo do tamanho, 115-118
Tirania, evitamento da: uma vantagem democrática, 59-61
Título dos juízes nos países democráticos, 138-139
Tocqueville, Alexis de: *A democracia na América*, 13
Tracy, Destutt de: sobre a representação, 119-120
Trade-offs. Veja Valores: julgamentos de valor e julgamentos empíricos
Tutela: alternativa para a democracia, 83; pontos fracos, 85-88
União Soviética, 11
Valores: julgamentos de valor e julgamentos empíricos, 38-39, 42-43;
    "negociações" entre os, 38-39
Veneza: república, 25-26
Vikings: igualdade e desigualdade entre os, 29